主编 李天纲

中国国家图书馆藏

民国西学要籍汉译文献·经济学（第二辑）

合作运动与世界改造

[美] J. P. Warbasse 著

许超 钱江 译

上海社会科学院出版社
Shanghai Academy of Social Sciences Press

图书在版编目(CIP)数据

合作运动与世界改造/（美）韦拔斯（Warbasse,J.P.）著；许超，钱江译．—上海：上海社会科学院出版社，2016
（民国西学要籍汉译文献/李天纲主编．经济学）
ISBN 978-7-5520-1162-3

Ⅰ．①合… Ⅱ．①韦…②许…③钱… Ⅲ．①世界经济－合作经济 Ⅳ．①F279.1

中国版本图书馆CIP数据核字(2016)第045641号

合作运动与世界改造

主　　编：李天纲
编　　纂：赵　炬
责任编辑：唐云松
特约编辑：陈宁宁
封面设计：清　风
策　　划：赵　炬
执　　行：取映文化
加工整理：嘎　拉　江　岩　牵　牛　莉　娜
责任校对：笑　然
出版发行：上海社会科学院出版社
上海淮海中路622弄7号　电话63875741　邮编200020
http://www.sassp.org.cn　E-mail:sassp@sass.org.cn
排　　版：上海永正彩色分色制版有限公司
印　　刷：常熟市人民印刷厂
开　　本：650×900毫米　1/16开
字　　数：120千字
印　　张：9.375
版　　次：2016年4月第1版　2016年4月第1次印刷

ISBN 978-7-5520-1162-3/F.357　　定价：48.00元（精装）

民国西学：中国的百年翻译运动

——『民国西学要籍汉译文献』序

李天纲

继唐代翻译印度佛经之后，二十世纪是中文翻译历史上的第二个高潮时期。来自欧美的『西学』，以巨大的规模涌入中国，参与改变了一个民族的思维方式，这在人类文明史上也是罕见的。域外知识大规模地输入本土，与当地文化交换信息，激发思想，乃至产生新的理论，全球范围也仅仅发生过有数的那么几次。除了唐代中原人用汉语翻译印度思想之外，公元九、十世纪阿拉伯人翻译希腊文化，有一场著名的『百年翻译运动』之外，还有欧洲十四、十五世纪从阿拉伯、希腊、希伯来等『东方』民族的典籍中翻译古代文献，汇入欧洲文化，史称『文艺复兴』。中国知识分子在二十世纪大量翻译欧美『西学』，可以和以上的几次翻译运动相比拟，称之为『中国的百年翻译运动』、『中国的文艺复兴』并不过分。

运动似乎是突如其来，其实早有前奏。梁启超（1873–1929）在《清代学术概论》中说：『自明末徐光启、李之藻等广译算学、天文、水利诸书，为欧籍入中国之始。』利玛窦（Mateo Ricci, 1552–1610）、徐光启、李之藻等人发动的明末清初天主教翻译运动，比清末的『西学』早了二百多年。梁启超有所不知的是：利、徐、李等人不但翻译了天文、历算等『科学』著作，还翻译了诸如亚里士多德《论灵魂》（《灵言蠡勺》）、《形而上学》（《名理探》）等神学、哲学著作。梁启超称明末翻译为『西学东渐』之始是对的，但他说其『范围亦限于天（文）、（历）算』，则误导了他的学生们一百年，直到今天。

从明末到清末的『西学』翻译只是开始，而且断断续续，并不连贯成为一场『运动』。各种原因导致了『西学』的挫折：被明清易代的战火打断；受清初『中国礼仪之争』的影响；欧洲在1773年禁止了耶稣会士的传教活动，以及儒家保守主义思潮在清代的兴起。鸦片战争以后很久，再次翻译『西学』，仍然只在上海和江南地区。从翻译规模来看，以上海为中心的翻译人才、出版机构和发行组织都比明末强大了，影响力却仍然有限。梁启超说：『惟（上海江南）制造局中尚译有科学书二三十种，李善兰、华蘅芳、赵仲涵等任笔受。其人皆学有根底，对于所译之书责任心与兴味皆极浓重，故其成绩略可比明之徐、李。』梁启超对清末翻译的规模估计还是不足，但说『戊戌变法』之前的『西学』翻译只在上海、香港、澳门等地零散从事，影响范围并不及于内地，则是事实。

对明末和清末的『西学』做了简短的回顾之后，我们可以有把握地说：二十世纪的中文翻译，或曰中华民国时期的『西学』，才是称得上有规模的『翻译运动』。也正是在二十世纪的一百年中，数以千计的『汉译名著』成为中国知识分子的必读教材。1905年，清朝废除了科举制，新式高等教育以新建『大学堂』的方式举行，而不是原来尝试的利用『书院』系统改造而成。新建的大学、中学，数理化、文史哲、政经法等等学科，都采用了翻译作品，甚至还有西文原版教材，于是，中国读书人的思想中又多了一种新的标杆，即在『四书五经』之外，还必须要参考一下来自欧美的『西方经典』，甚至到了『言必称希腊、罗马』的程度。

我们在这里说『民国西学』，它的规模超过明末、清末；它的影响遍及沿海、内地；它借助二十世纪的新式教育制度，渗透到中国人的知识体系、价值观念和行为方式中，这些结论虽然都还需要论证，但从一般直觉来看，是可以成立的。中国二十世纪的启蒙运动，以及『现代化』、『世俗化』、『理性化』，都与『民国西学』的翻译介绍直接有关。然而，『民国西学』到底是一个多大的规模？它是一个怎样的体系？它们是以什么方式影响了二十世纪的中国思想？这些问题都还没有得到认真研究，我们并没有一个清晰的认识。还有，哪些著作得到了翻译，哪些译者的影响最大？『西学东渐』的代表，明末有徐光启，清末有严复，那『民国西学』的代表作在哪里？这一系列问题我们并不能明确地回答，原因就在我们对民国翻译出版的西学著作并无一个全程的了解，民国翻译的那些哲学、社会科学、人文学科的『西学』著作，束之高阁，已经好多年。

举例来说，1935年，上海生活书店编辑《全国总书目》，『网罗全国新书店、学术机关、文化团体、图书馆、政府机关、研究学会以及个人私家之出版物约二万种』。就是用这二万种新版图书，生活书店编制了一套全新分类，分为：『总类、哲学、社会科学、宗教、自然科学、文艺、语文学、史地、技术知识』。一瞥之下，这个图书分类法比今天的『人大图书分类法』更仔细，因为翻译介绍的思潮、学说、学科、流派更庞大。尽管并没有统一的『社科规划』和『文化战略』，『民国西学』却在『中国的文艺复兴』运动推动下得到了长足发展。查看《全国总书目》（上海，生活书店，1935），在『社会科学·社会科学一般·社会主义』的子目录下，列有『社会主义概论、社会主义史、科学的社会主义、无政府主义、基尔特社会主义、乌托邦社会主义、基督教社会主义、议会派社会主义』等；在『社会科学·政治·政体政制』的子目录下，列有『政治制度概论、政治制度史、宪政、民主制、独裁制、联邦制、各种政制评述、各国政制、中国政制、现代政制、中国政制史』等，翻译、研究和出版，真的是与欧美接榫，与世界同步。1911年以后的38年的『民国西学』为二十世纪中国学术打下了扎实的基础，而我们却长期忽视，不作接续。

编辑出版一套『民国西学要籍汉译文献』，把中华民国在大陆38年期间翻译的社会科学和人文学科著作重新刊印，对于我们估计、认识和研究『中国的百年翻译运动』、『中国的文艺复兴』，接续当时学统，无疑是有着重要的意义。1980年代初，上海、北京的学术界以朱维铮、庞朴先生为代表，编辑『中国文化史丛书』，一个宗旨便是要接续1930年代商务印书馆王云五主编『中国文化史丛书』，重振旗鼓，『整理国故』，先是恢复，然后才谈得上去超越。遗憾的是，最近三十年的『西学』研究却似乎没有采取『接续』民国传统的方法来做，我们急急乎又引进了许多新理论，诸如控制论、信息论、系统论……还有『老三论』、『新三论』、『后现代』、『后殖民』等等新理论，对『民国西学』弃之如敝屣，避之唯恐不及。

民国时期确实没有突出的翻译人物，我们是指像严复那样的学者，单靠『严译八种』的稿酬就能成为商务印书馆大股东，还受邀请担任多间大学的校长，几份报刊的主笔。但是，像王造时（1903–1971）先生那样在『西学』翻译领域做出重要贡献，然后借此『西学』，主编报刊、杂志，在『反独裁』、『争民主』和『抗战救国』等舆论中取得重大影响的人物也不在少数。王造时的翻译作品有黑格尔的《历史哲学》、摩瓦特的《近代欧洲外交史》、《现代欧洲外交史》、拉铁耐的《美国外交政策史》、拉斯基的《国家的理论与实际》、《民主政治在危机中》。1931年，王先生曾担任光华大学教授，文学院长，政治系主任，后来创办了《主张与批评》（1932）、《自由言论》（1933），组织『中国民权保障同盟』（1932）。他在上海舆论界发表宪政、法治、理性的自由主义；他在大学课堂上讲授的则是英国费边社社会主义、工联主义和公有化理论（见王造时著《荒谬集·我们的根本主张》，1935，上海，自由言论社）。非常可惜的是，王造时先生这样复杂、混合而理想主义的政治学理论和实践，在最近三十年的社会科学、人文学科中并无讨论，原因显然是与大家不读，读不到，没有再版其作品有关。

我们说，『民国西学』本来是一个相当完备的知识体系，在经历了一个巨大的『断裂』之后，学者并没有好好地反省一下，哪些可以继承和发展，哪些应该批判和扬弃。民国时期好多重要的翻译著作，我们都没有再去翻看，认真比较，仔细理解。『改革、开放』以后，又一次『西学东渐』，大家只是急着去寻找更加新颖的『西学』，用新的取代旧的，从尼采、弗洛伊德……到福柯、德里达……就如同东北谚语讽刺的那样：『熊瞎子掰包谷，掰一个丢一个。』中国学者在『西学』武库中寻找更新式的装备，在层出不穷的『西学』面前特别害怕落伍。这种心态里有一个幻觉：更新的理论，意味着更确定的真理，因而也能更有效地在中国使用，或者借用，来解决中国的问题。这种实用主义的『西学观』，其实是一种懒惰、被动和浮躁的短视见解，不能积累起一个稍微深厚一点的现代文化。

讨论二十世纪的『西学』，一般是以五四『新青年』来代表，这其实相当偏颇。胡适、陈独秀等人固然在介绍和推广『西学』，倡导『启蒙』时居功至伟，但是『新文化运动』造成不断求新的风气，也使得这一派的『西学』浅尝辄止，比较肤浅，有些做法甚至不能代表『民国西学』。胡适先生回忆他们举办的《新青年》杂志，有一个宗旨是要『输入学理』，即翻译介绍欧洲的社会科学、人文学科知识，他还大致理了一个系统，说『我们的《新青年》杂志，便曾经发行过一期「易卜生专号」，专门介绍这位挪威大戏剧家易卜生，在这期上我写了首篇专论叫《易卜生主义》。《新青年》也曾出过一期「马克思专号」。另一个《新教育月刊》也曾出过一期「杜威专号」。至于对无政府主义、社会主义、共产主义、日耳曼意识形态、盎格鲁·萨克逊思想体系和法兰西哲学等等的输入，也就习以为常了。』（唐德刚编译：《胡适口述自传》，北京，华文出版社，1992年，第191页）。胡适晚年清理的这个翻译目录，就是那一代青年不断寻找『真理』的轨迹。三四十年间，他们从一般的人性论学说，到无政府主义、社会主义、马克思主义；从不列颠宪政学说，到法兰西暴力革命理论、德意志国家主义思想，再到英格兰自由主义主张，大致就是『输入学理』运动中的全部『西学』。

胡适一语道破地说：『这些新观念、新理论之输入，基本上为的是帮助解决我们今日所面临的实际问题。』胡适并不认为这种『活学活用』、『急用先学』的做法有什么不妥。相反，二十世纪中国知识分子接受『西学』的方法论，大多认为翻译为了『救国』，如同进口最新版本的克虏伯大炮能打胜仗，这就是『天经地义』。今天看来，这其实是一种庸俗意义的『实用主义』，是生吞活剥，不加消化，头痛医头，脚痛医脚的简单思维，或曰：是『夺他人之酒杯，浇自己之块垒』。从我们收集整理『民国西学要籍汉译文献』的情况来看，『民国西学』是一个比北大『启蒙西学』更加完整的知识体系。换句话说，我们认为『五四运动』及其启蒙大众的『西学』并不能够代表二十世纪中国西学翻译运动的全部面貌，在北大的『启蒙西学』之外，还有上海出版界翻译介绍的『民国西学』。或许我们应该把『启蒙西学』纳入『民国西学』体系，『中国的百年翻译运动』才能得到更好的理解。

我们认为：中国二十世纪的西学翻译运动，为汉语世界增加了巨量的知识内容，引进了不同的思维方式，激发了更大的想象空间，这种跨文化交流引起的触动作用才是最为重要的。二十世纪的中国文化变得不古不今，不中不西，并非简单的外来『冲击』所致，而是由形形色色的不同因素综合而成。外来思想中包含的进步观点、立场、方案、主张、主义……具有普世主义的参考价值，但都要在理解、消化、吸收后才能成为汉语语境的一部分，才会有更好的发挥。在这一方面，明末徐光启有一个口号可以参考，那便是『欲求超胜，必须会通；会通之前，必先翻译』。反过来说，『翻译』的目的，是为了中西文化之间的融会贯通，而非搬用；『会通』的目的，不是为了把新旧思想调和成良莠不分，而是一种创新——『超胜』出一种属于全人类的新文明。二十世纪的『民国西学』，是人类新文明的一个环节，值得我们捡起来，重头到底地细细阅读，好好思考。上海社会科学院出版社邀我主编『民国西学要籍汉译文献』，献弁言于此，是为序。

2016年3月20日，于阳光新景寓所

[美] J. P. Warbasse 著 許超 錢江 譯

合作運動與世界改造

中華民國三十七年五月初版

合作運動與世界改造目錄

著者原序

在本書裏面，研究了重建世界的可能性，並且討論了以合作方法爲完成他的手段。這種方法與其他供給經濟需要的資本利潤方法，及政治方法作了一個對照。世界需要一種提倡民主，造成社會正義，基於經濟富足，以及增進世界和平的改組。在本書裏面，認濟了流行的經濟病態，並且列舉出補救的辦法。

本書也注意到經濟活動之目的的生活本身。生活是人的眞實幸福。什麼可以使他的生活更好和更滿足，什麼給予個人以更多的自信以及可靠的希望，什麼可以同時促進我人自己及他人的幸福等，都是重要的事情。

現在所流行的討論，包括了食物，衣服，房屋，職業，金錢，槍炮，船舶，和機械等等這些東西；但這些東西除非有關人民的眞實幸福，否則就祇成泡影。所謂生意，是興趣最高的流行課題。生意統治了世界。我相信世界紛亂的問題，决不能由追求貿易，搜尋消費者，顧客，買賣契約，或經濟利益等所充滿的興趣來解決。現在這些興趣控制了全局。他們的控制就表示對於經濟悲劇趨勢的連續。「商人統治的地方，混亂隨之」，這句話說明了一種原則，今天其適切的程度，與二千年以前柏拉圖（plato）說這句話的時候一樣。

我嘗試將思想集中在較好的生活方法上。生產，分配，以及其他經濟事務的術語都被採用，但我的基本觀念却是能够相互聯絡人類。要求以一種不同的態度對待我們的同伴。倘若世界要免於更多的混亂，那末人們必需要不再被視爲消費者，買主，和預期的顧客。他們必需爲同伴。人民大衆不應該再被視爲無組織的大海，在這個大海內，每人都可以巧取豪奪，以及拿去他所能够拿去的一切。我們必需要在從自然資源獲取所需，以及供應公平分配之共同事業上聯合起來。這種不同的態度必需要具備人心。他不僅要在法庭和家庭內，並且還要在店鋪和市場的所在，去統治思想和行爲。

也許有人說生活及事業的合作方法是烏托邦的，不適宜於現在的時代。即使這句話是對的，合作理想的討論仍頗爲重要。除非去想，去談，去望，去計劃，我們決不會有一種新的生活方法。

合作方法就是這樣做，並且，更具體的形式，顯示他的可能性。事已開端。本書目的，則在表示其能繼續推行與無限擴張。

詹姆士・彼德・華勃斯（James Peter Warbasse）

（一九四五年四月四日於馬薩朱塞斯州之林洞 Wood Hole, Massachusetts）

原著者爲譯本序

本書出版時，正值舉世動盪之際。戰爭以及對戰爭之準備，目前到處都是。本書之目的，是欲大家注意到處理世界事務的和平方法。這方法就是合作始於隣保互助，終於天下大同。合作用互助代替爭利，合作造成朋友，競爭造成仇敵。

中國人本性友愛合作，世上沒有其他民族能如中國人一般地在合作基礎上發展經濟。合作的民主能致中國於康樂，躋中國於文明進步之前列。

我希望中國人能運用合作方法，恢復老子所代表的舊文化以及孫中山先生與當代合作領袖所指示的新文化。

華勃斯（James Peter Warbasse）

華氏致譯者函

許先生閣下：

我很高興知道你和錢先生已把「合作運動與世界改造」譯成了中文。隨函附上你所要的譯本短序，照片另行寄奉。你能將全部時間用於中國合作運動之推進上，實在很好。你在美國的研究攷察，必能使你對中國有很大之貢獻。

請你問候壽勉成敎授以及你的同事錢君。祝君幸福並候起居。

誠懇的　華勃斯（James Peter Warbasse）

麻省木洞，（Wood Hole Mass.）一九四八年四月十九日

第一章　戰後的情形

直接的行動

在所有從納粹法西斯統治下解放出來的國家內，人民都遭受到衣食住的缺乏，他們在迫切的經濟問題未獲解決的情況下，與疾病死亡相鬥爭。但戰勝國軍政兩方的統治者，都始終致力于人民的政治組織的建立。這種行動係從以政府爲特別重要的流行觀念所產生。人民所缺乏的是衣，食，住；但是他們所獲得的却是政府官吏。

假如這些飢餓的人民和森林中頭腦簡單的野獸一樣，那末他們不需要爲政治而煩惱，他們將以求食爲第一。但戰勝國家都受困于政治組織的重要性。他們依賴政治的方法，以滿足那些因政府作戰而陷于貧乏的飢民的需要。

戰勝國來到難民區的大多數代表，都是軍人和政府人員，他們的思想自然集中于政治行動。但是開創政治的組織，很耗費時間并且引起無限的糾紛。政治組織需要組織政黨，而政黨又彼此仇視與爭論。這些衝突在那些應該團結尋食的飢民間進行着。意大利，比利時，希臘，以及其他各國的飢餓羣衆，洶湧過市，用他們的精力去相互反對，并且反抗那種加諸他們身上的政府。他們始終意識到他們的飢餓，也意識到民主自治的需要。

當這些人民擠鬧在一起，擁護這個政黨或那個政黨，或是要首相辭職的時候，外面的影響阻止了他們對建設行動的自我表示，或是轉移他們走上不生產的努力。同時却有未耕種的田地和沒有人的工廠存在着。現在空虛的伙食房和空虛的肚子，是計劃與方法混亂的結果。

「我們需要麵包」的叫喊，是用簡單的語言所表示的需要，但並沒有指出獲取麵包的方法。所以人民沒有滿足。這種不滿足的性質是混亂的，但是關于他們的需要則並未混亂。在歐洲，差不多一百年以來，他們都被灌以求政府解決社會問題的觀念。而政府却仍舊使他們失望。在他們之間雖然也有合作領袖的呼聲，但終是政治觀念佔了優勢。他們泛濫出直接行動的要求。

爭取物品的本能使人民困擾。然後他們開始思想和合作以使自己脫離困擾。的確，困擾有許多。難道還不足以使人民發生合作思想嗎？在他們的智慧步入有效行動之前，他們一定要更深地沉溺于混亂嗎？他們以政治組織爲眞正的合作，當作可以替他們解決問題的合作。這就是他們離開直接行動而走到無限複雜之處的原因所在。公民的政治組織趨向于權力的集中。政治組織又常有擴大而逃避人民管制的趨勢。人民自身的地位，一步一步地由主宰政治而變成服從政治。政治組織從控制人民走到控制事物，然後占有事物。最後實現了獨裁政治。這就是現代政治的趨勢。

當這種現象正在進展的時候，人民以爲他們能够以自己的利益，來民主地管理政府。他們的思想是正確的，並且還有合作的提示。但是有一個問題，就是由政治組織究竟可以達到多少合作。還有一個問題就是這種組織可以產生多少經濟效果。

有些人所抱的看法，以爲合作有兩種：即自願的和强迫的。後一種以政治性的政府來代表。此地所討論的合作是自願的經濟合作。他與政府無關。倘若要說明合作觀念的全部意義，那就是他必需是自願的與經濟的。將合作道于一切社會活動的普遍範圍內就與政治活動相混，實則以合作方法辦理經濟事務有明確的途徑。

我們現在生存在一個對簡單原則了解不清楚的世界內。兩種人爲的機構使得人心從他們所需要的事物上，移轉到用來獲得那些事物的工具上。設立政府與獲得貨幣，這兩種使注意力從生活本身分散的事業。而生活却比這兩種事業都更爲重要。

經營經濟事業之流行的方法，是以獲得貨幣爲基礎。貨幣不再限定爲計數之用，牠本身獲得了獨特崇高的價值。這觀念就是有了這種貨幣，然後可以獲得東西。但是一個專門注意于獲得貨幣的社會，誇張貨幣的重要，結果却沒有獲到東西。使主要的要求成爲次要，主要的要求就受到損害。同時，現在貨幣也許很多，但全球有半數的人却都缺少東西。這是一個奇怪的事實，就是美國人在這個有充足的貨幣與無限生產力的時代，適當的衣，食，住，和燃料，却比兩百年前所得到的要少。所以他們要自己寧可獲得東西，不要貨幣。

曾經一度在美國流行的家庭農場的情形可用以說明。家庭組成了一個自然的消費合作社。他們使用他們所生產的物品。他們不想到農產品的價格；他們祗想到產品的使用價值。他們共同工作並不要獲得貨幣，而是要獲得物品。結果他們沒有獲得貨幣，但確是獲得了物品。他們衣食住都很好。他們沒有把農田抵押掉。他們教育強健的男人和女人，具着一種依靠自己的意識。

如今這種做事的自然方法，可以從家庭擴張到一切社會。那種古代的原始方法，可以用奇異的現代科學的生產，運輸，和交通方法來代替。這就是消費合作組織的方法和目的。他在被簡接的行動所擾亂了的世界上，來代表直接行動。

合作方法是一種事業亦是一種社會活動。可與營業利事及政府共同存在，使用他們的通貨，輔助他們的不足，並且因功效顯著而可逐漸發展。這種合作方法貢獻出人們尚未充分了解的利益，以及尚未適當採用的方法。

消費合作是一種民主聯合的方法，以此各個人實行互助聯合而直接供應他們的需要。至其可能性與成就，則將于下文說明。

合作的可能性

倘若要得到世界的安定，必需要實行那種與支配過去相異的經濟和政治習慣。使房屋整齊，以便放火燒去的方法，是無意義的事情。過去的經濟和政治方法已證明他們要造成戰爭。所以和平的世界需要其他的方法，需要能够有效地供給人類所需，以及造成安定的社會之生產和分配方法。以民主作爲政治理想是不够的。民主必需要支配經濟和政治事務，否則是沒有意義的。

合作經濟是以異于現在所盛行的動機和方法爲基礎。他代表民主的實際應用。他已穩穩地發展了一百年，直到現在他已深入地球的每一角落。並且接觸到全球四分之一人口的生活。

這種事業的合作方法，提倡和協，反對分歧。和協是牠的特性，否則就不成爲合作。合作方法在供應人們需要的事業組織內表現出來。合作事業在參加第二次世界大戰的一切國家內都已發達。這些被侵略國和未被侵略國內的合作組織，都準備幫助建設一個穩定的世界經濟。

全世界遭受破壞的經驗以後。救濟是第一件重要的事情。數百萬人缺乏必需品而要求對于他們迫切災害的救濟。慈善家心中的仁慈精神激動他們去幫助。缺少和不滿足阻礙了秩序的恢復。飢餓與受苦妨礙了國際貿易的建立。

在辦理救濟中，可能利用那種非臨時的以及在急迫的需要滿足以後不立刻停止的方法。以慈善的和政治的方法救濟災難是通常所用的手段。但是合作方法却指向一種永久的經濟事業的路線。合作供應急迫需要的救濟之後，繼續成為進行生產與分配的經常方法。在臨時的手段中，合作方法並不使時間與努力損失，但是一種可能無限擴張的組織與供給需要的方法是被採用了。救濟計劃繼續進行並轉變為改造。這是由于民主地聯合起來替他們自已辦事的人們所完成。起先被介紹了自助，而自助又繼續擴大，最後建立了一種基于這種自助原則的永久經濟。

在那些不採取全部管制的國家內，合作事業在戰時較通常更有生氣地發展。希望他們有進一步的擴張。一九四三年四月二十六日美國白勃生新聞報（Babson News Letter）曾作如下的預測：「合作的生產與分配，即使在戰時的限制經濟下仍舊繼續生長。希望戰後的合作事業向着使生產者與消費者較前更緊密地聯繫在一起這個方向去迅速發展。」英國的殖民部次長麥克密倫（Rt Hon Harold Mac Millon）于一九四三年十一月間向下議院報告的時候，促請「研究在戰後可用于殖民地的合作形式，其用意在使殖民地逐漸參與辦理他們自己之事務。」

在被侵略的國家內，合作事業已經停頓。他們現在正在進行恢復。他們很適宜地先做分配救濟品的工作，繼而從事建設。戰前歐洲國家內的消費合作，已全國性地聯合起來辦理合作批發，而一切的合作批發又都兼營製造業。這樣，這些消費者都知道如何替他們自已生產一部份他們所需要的商品。

其合作事業是國際合作聯盟會員的那些國家，有合作銀行和保險業務的全國聯合會。他們還有屬於地方合作社聯合會所有的全國合作批發社和生產工業。

戰前歐洲四分之一以上的人口，都有幾分受到合作社的供應。法西斯和納粹統治剷除了這些合作社的民主。這就是說他們不再是真正的合作了。但這並不是說就是合作的毀滅。合作的觀念仍舊繼續存在。雖然這種機構和業務都已置於政府管理之下，但要求眞正合作的慾望還保留着。好幾百萬合作社員對於墨索里尼和希特勒的所謂「新秩序」的經驗，增加了他們對於他們的合作社從政府官吏支配下解放出來的渴望。人民都準備和等待着促成合作的復活。戰前在合作事業上頗爲活動的各界人士，仍舊存在而保存着經濟自由的傳統。如美國駐英大使威南特（John G. Winant.）所云：「凡希德勒主義和法西斯主義的刀口所落之處，合作社將很有機會去伸出友誼和幫助的手。」（註一）照一九四三年五月十五日佛勒烈奇（Sir William Beveridge）在記者招待會時所述：「消費合作運動在組織生產工業，與辦消費品工業，以及維持穩定的僱傭關係上，有一種重要的任務。」

什麼是用合作來辦理救濟以及復興歐洲之可能的事情呢？幸福雜誌（Fortune magazine）（一九四三年五月份）宣佈了一個「新世界中的美國」（The United States ina New World）的計劃。主張被納粹法西斯沒收的財產，在可能範圍內要還給正當的主人。倘若不能確定其正當主人，那麼財產應（1）由國家收爲國有；應（2）賣給可靠的私人；或應（3）則歸合作事業。納粹造成的所有權的凌亂，實爲戰後的一個嚴重問題。財產的戶頭已改變了，納粹官吏和他們的朋友手中發現了所有權之新的和僞造的權狀。好幾百萬正當的所有權人都已失蹤。納粹「購買」了大批財產和實業，以他們自己的好名過戶。納粹的勞工陣線（Labor Front）沒收了約包括一百個合作商店的德國零售業，用意是要將他們給予戰後回國的「英雄」，并且要在這種業務裏面安置許多這一類的人。但是並沒有發現可以給予這些財產的回國「英雄」。這種所有權的混亂不僅在意大利和德國發現，并且也在被佔領國內發現。在許多情形下，要尋覓正當的所有權人已不可能。往往他已是被「清算」過了。

要將可疑的財產收爲國有，許多國家都難以辦到。因爲在一個長期間內不能有穩定的國家。人民不僅需要一個政府，還需要一種可實行的經濟制度。聯合國的軍政府已經有了一個機會來供給他們以政府的主要功用，就是人的管制，而將一切事業的組織留給人民自己處理。倘若人民能不參與政治和政黨之消耗時間的複雜情形，他們或許已可解決他們的經濟問題。聯合國對於這些人民使他們設置了用來經營經濟事務的政治機構，其禍患沒有比這更大的。最好的服務莫如避免過分政治化的機構，免得使人民的經濟生活成爲複雜。他們可以提倡樹立一個經濟制度以供應他們的需要。當人民這樣辦了之後，他們將驚奇地發現他們需要政府的程度如何微小。政治範圍內希望有一種重大的經濟改革。但時間與經驗告訴我們經濟問題要在經濟範圍內去求解決。

可疑的財產可能資給可靠的個人，假設這種個人被證明爲可靠，并且假設他要重建舊時的事業。幸福雜誌的提議「採用第三種辦法——將財產劃歸合作社」有較多的長處。並且合作社已準備做這種工作了。

美國的合作協會（The Cooperative League of the U. S. A.）在其一九四二年的會議中，設立了一個國際合作救濟和改造委員會（A Committee on International Cooperative Relief and Reconstruction）以和美國及其他各國的同樣團體暨政府機關共同工作。目的要利用合作社儘可能地迅速展開國際性的行動。該委員會於一九四四年美國合作協會開會之際，報告他的工作進展情形。他透過合作事業而致力於改造的組織。他計劃設置一個國際製造與貿易協會，以擴大國際批發合作社（Inter national Cooperative Wholesale Sosiety）及國際合作供給處．（International Trading Agency）的工作。這兩個總機構都設在英國，聯合辦理國際性的合作業務。

美國的合作協會在華盛頓城曾召開過兩次討論救濟和改造的會議。出席者爲需要救濟的各國所派的代表。第二次會議（一九四四年一月十九日和二十日）有來自二十五個國家的代表出席。因為大部份的代表都來自外交界，所以他們都熟悉各該國的合作事業，並且表示贊成以合作社來分配救濟品以及管理跟着要辦的建設工作。這些人都強調他們國民間自助的重要。有幾個國家例如南哥斯拉夫和捷克斯洛伐克的代表，報告他們的人民雖然很窮，寧願在他們的合作社內以自尊的基礎上被看待着，並且對於他們所獲得的東西付款。倘若長期的信用能够推廣給他們以及他們的合作社，那麼他們就可以這樣辦到。（註二）

在這些會議上，建議在歐洲的美軍卡車和吉普車，戰後歸合作社作為曳引機和用於其他生產食物的農業目的。美國政府所有留在外國的大量存貨，戰事結束後也可以同樣地來使用。歐洲的農民不僅需要種籽和肥料，並且還需要農具。較大的農用機械，例如曳引機，整套的耕犂，錐子，收穫機和打穀機，經驗告訴我們最好能以合作組織的方式合有。所以建議供給這些工具的各國，要將他們直接交與迫切需用的合作社之手。

我們可以問問合作社是否已具備了辦理會議上所建議的工作之條件呢？農村合作仍能有效地發生作用嗎？農村合作社雖然比都市合作社受法西斯破壞較少，但是他們需要很大的設備。對於枯竭的農田去獲得種子與農具需要一個長久的時間，但是不再需用的吉普車和卡車，却可以迅速代替農民已失去的耕獸。待孵的卵蛋可用飛機運送以恢復空竭的家禽業。飼養牛，馬、羊、和猪，都是合作社範圍以內的事。歐洲的農人對合作飼養家畜有很豐富的經驗。所以家畜業一定可以迅速地發展。丹麥的飼養家畜合作社實為可以效法的模範。

農業機械要用的油類和汽油，可由美國的合作社供給。他們擁有的油井和輸油管，他們潤滑油及汽油之有效的生產，以及他們在戰前所進行的從美國運送這些產品給歐洲的合作社等事實，都可以證明他們供應這些需要的能力。

已經有計劃由美國政府購買商品賣給美國的合作社，再遞送給需要國家的分配合作社。這種產品也可以直接由美國合作社來供給。他們所生產的大量商品，以往和現在都很有用。

成立了很長久的合作事業，對於救濟和改造都可應用。這種方法對人民頗爲接近。他以行動證實了爲民主而戰鬥之理想。倘若被侵略國家的人民需要幫助，由他們自已參加幫助自已將得最好的結果。第一次世界大戰以後一些對於救濟的錯誤是可以避免的。至少可以知道喂飽了飢餓的人，並不能防止飢餓的重現。所以救濟需要有改造相伴。

聯合國善後救濟總署（United Nations Relief and Rehabilitation Administration）局長李曼先生（Mr Herbert H. Lehman）向美國合作協會第十四次會議（一九四四年）宣稱：「合作原理的應用，使救濟與復員容易，並且促進持久的和平。希望有些獲得聯總供應品之被解放國家的政府，賦與合作社以分配供應品的一部份責任。沒有因種族，宗教，和政治信仰的歧視，以及沒有少數剝削多數的羅虛戴爾合作政策，都是聯總政策的基礎。他們的應用可以使救濟和復員容易，並且促進持久的和平。」

合作事業在辦理歐洲被侵略國家的人民復員工作中，有一種有利的條件，就是這些人民本身已有在這種服務上訓練過的合作社職員。他們的經驗都係基於民主的實務。他們明瞭民主的行動。他們可以立刻在救濟與永久的民主建設間建造起橋樑來。

給予被解放城市的人民之首次救濟，係由佔領軍所供給。這種救濟係在應付急迫的需要。到了適當的時候，當幾種人民的地方組織已經完成，或地方政權已經成立之後，人民就可以自己辦理復員的工作。古代的希臘人曾說：「上帝賣給我們一切東西，而不送我們東西。」同時，贈送在贈者是一番好意，但窮人的自助却證明爲更好。

在這一切改造工作中，急迫需要人類有組織的行動。鼓勵被壓迫的人自己動手，和他們的鄰人組織起來，替他們自己辦理他們所要做的許多事情，實爲一個改造的問題。同時也是一個機會。當人民需要外來刺激的時候，國際合作聯盟以他們和全世界的接觸，並且以從國際勞工局所獲得的消息，能够進而刺激這種行動。

同樣的原理應用到亞洲也和在歐洲一樣。朝鮮可作爲一個需要合作經濟的亞洲國家而加以說明。該處有二千萬人民，於一九一〇年起即受日本管制。雖然祇有百分之二的人口是日人，但這個小數目，却如同日本宗主權的代理人般地支配着其餘的人。日本的營利事業剝削了這個國家。貸款的利率高到百分之七十以至百分之一百。這是日人用以向本地人奪取土地的方法。人民生存在比中國更窮的情況下。雖然農是主要的實業，但維持每一農人的平均土地祇有兩英畝。日本對朝鮮的管制消滅以後，該國現在沒有穩定的政府或全國性組織。但此間有聰明和合作的人民。他們熱烈歡迎合作組織。他們需要合作。但他們的統治者要使他們貧窮與馴服，所以祇允許他們有一點點合作。合作界必需要對這些人民施以合作教育與組織方法。一種小小的幫助，一點小小的表示，從外界來一點友情，來使朝鮮開始走上合作的大路，並且這些人民或許可以跳出貧窮與專制而齊入文化的溫情，和芬蘭與波羅的各國（Baltic States）曾經所辦到的一樣。

最近的發展

因第二次世界大戰已告結束，英美以及其他自由國家的合作事業，以貨幣，物品以及技術，協助受戰害國家的合作事業。衣食兩項是人類最急迫的需要，如何將這些東西公平地分配給最窮的人，實爲合作社目前亟待解決的問題。在這種最緊急的時候，合作事業和其他救濟機關協同工作。災區社會有組織的合作同志，以合作社的方式參加了這些組織。國際合作聯盟籌集了一筆數百萬美金的自由基金（Freedom Fund），由地方合作事業管理，以供救濟及復原之用。這一切都對於隨之而來的合作式的改造，具有遠大目光。

國際合作聯盟的自由基金，早於一九四五年因撥付法國合作事業拾萬美金而開始了他的分配。這件事發生在聯盟的代表訪問法國的合作社之後。美國籌募自由基金的有一長列的顯要人物。其中有美國駐英大使威南特（John Winant），前駐挪公使海力門夫人（Mrs. J. Borden Harriman），前駐丹麥公使羅德夫人（Mrs. Ruth Bryan Rohde），和法官阿納爾特（Thurman Arnold）。李曼（Herbert H, Lehman）在募款時曾說：「我願意担任募款團的一份子，因爲要使人們知道我對於國內與國外合作事業的眞正興趣。」

每一國家內之全國合作協會與全國批發合作社都恢復了工作。這些大規模的批發合作社，以及他們的倉庫和工廠，還沒有完全被毀。大部份都完好如初。他們曾做過納粹法西斯的生產者，和食物與其他物品商店的管理者。軸心崩潰之後，他們還有貨物在手。這種物品都是在納粹法西斯政府的控制下所生產。從合作社竊去的財產，現在合作社都要收回了。歐洲各屬於合作社的幾千所商店，倉庫與工廠，仍舊由他們的正式主人來使用。這些都是分配必需品的中心。合作工廠仍舊替人們生產需要的物品，交易與生產都在進行。

這些合作社都知道在缺少貨幣的時候，物物交易可以担任一部份使命。這是一種古老的合作實例。這可以在個人與他的合作社之間應用，並且還可以擴大到國際貿易上。在中國，貧窮的社員以雞蛋和米穀拿給合作商店，並向店取去織物。第一次世界大戰以後，在奧大利與斯干的納維亞內，住宅合作社承認社員對於要佔有的房屋所工作的勞力，可以作爲應納的股金。在缺少貨幣的時候，物物交易是自然的交易方法。

合作的方法適宜於戰後改造的情況，可以第一個被解放的意大利的情形來加以說明。因爲人民已從法西斯的壓迫下解放出來，並且被盟軍當局給予了自由，以前受抑制的合作事業就從事新生。新的合作事業也組織起來了。在羅馬，解放後兩個月以內，產生了八百個消費合作社。意大利政府的工業，勞動，商業，和農業等部，都承認合作事業對於戰後改造的重要，並給予一切鼓勵。上述各部都設有特別機構，以辦理合作事業的改組事宜。合作對於民主的價值，可以被意大利君主主義的報紙指出「合作主義的危險」的這一事實來判明。在意大利早期的復員中，共產主義者對合作頗爲冷淡，渠等主張政府應成爲生產與分配的機關，這一點亦很爲重要。

一九四五年之初，西西利（Sicily）人民已可自由發展他們已停頓的合作社，並創立新社。美國戰事情報局的心理作戰組（The Psychological Warfare Board of the Office of the War Information of the United States）曾報告過活動中合作事業的工作，並且加上下列的語句：

這實例可以表示西西利合作運動的重要性。人人都願意參加合作的事實，可以由派來姆城的工會（Palermo Chamber of Labor）替一切沒有機會參加他們工作地之合作社的工人，創設一個合作社的決議表示出來。這對於工人很少，不能組，合作社之工廠工人們，實有不可估計的價值。並且這對於西西利的人民有無數的利益，因爲現在拿固定收入的人，感到難以應付激增的食物價格。合作社能在物質上糾正這種情形。（註三）

戰事情報局所發佈的另一個關於西西利合作的報告，講到派米姆城組織了一個消費合作聯合社，或稱「批發合作社」。該聯合社的目的，係以儘可能近乎成本的價格，供給消費者商品。一九四五年年初，該聯合社共有二百四十五個消費合作社和十六萬名個人社員。該報告指出「倘使這種對人民的幫助能大規模擴張，那末現在使得大部份無抵抗的人民感到飢餓的「黑市」即可消滅。合作事業又從省衞生局獲得了大部份由美國製造的醫藥產品。這種合作工作，社員頗為歡迎，他們可不再耗費大量貨幣，以注意那些時常發生而具有危險性的傳染病。」（註四）

對意大利情況的概念，可以從一個意大利人於一九四五年七月十日寫來的一封信上得到。信上說：「今天我從派格利亞（Puglia）合作聯合會主席阿爾利尼（Sergio Azzolini）接到一封信。他是拜雷省（Bari）的三十八個合作社和二萬零二百名社員的聯合會首腦。他們以適當價格配給十萬人的食物。在目前，這是所謂被解放的意大利之最大的合作聯合會，不過他們現在遭遇到供應不足的問題。他們被迫與愚笨的軍閥政治，黑市商人，以及敷衍的政治當局來鬥爭，以期幫助打破這種暴利者之既得利益。他們不求人，他們不希望獲得物質上的餽贈。他們要以合理的價格去出錢購買。他們要開訂單從美國訂購物品。他們很知道英國的軍事當局拒絕給予任何種類的幫助，或者甚至於拒絕了解他們的問題。

在羅馬尼亞，于布格雷斯（Bucharest）舉行的合作節宴會上，首相格羅查（Groza）曾說：「當收到蘇維埃人如此慷慨地運送給我們的棉花的時候，我很為憂慮。這種貨物要來塡充我們紡織品上的缺乏。我就心他們恐怕要和常例一樣地落到不當利得者之手，而不到最需要的鄉民手上。我曾想到一種棉花上的特別警衞以對付不當利得者。但是當我一想到在國內到處可以見到的合作社，就改變了我的意思。因為我明瞭你們會幫助我們」。首相格羅查認為合作運動是完成眞正經濟民主的一個步驟。（註五）

聯合國善後救濟總署從比利時得到的報告（一九四五年三月）上說：「解放後的合作運動，其機構和服務人員差不多完好如初。因爲他們對於比利時內部經濟的重要性，所以解放前納粹不能加以破壞或廣泛地繩以峻法，因爲他們要保持比利時的內部商業流暢到可能的最大限度。」

在法國，國際合作聯盟中央委員會委員及法國合作的老行政家拉瑪第（Paul Ramadier），被戴高樂將軍任命爲供應部長。法國的新內閣頒佈了一項命令，規定已停止耕作或未充分耕作的土地，以及從維琪領袖和其他與納粹法西斯合作的人所取來的土地，允許由合作事業請領。

巨哥斯拉夫的中央臨時政府，曾通知其各地的地方當局，準備組織一切種類的合作社。巨哥斯拉夫的農民已較戰前更廣泛地參加合作。農業部長已取消了對於開會與選舉的一切納粹式的限制。已停頓的合作社紛紛恢復，新社亦紛紛組成。

在匈牙利，政府沒收了一切二百英畝以上的莊園，分配給無地的鄉民使用，並且鼓勵他們組織合作社。並且表示「如果沒有合作社，改革將無意義了」。

波蘭（在勒勃林Lublin）臨時政府的首相於一九四五年一月二日曾作如下的申明：「現在合作組織已因合作會議統一，我們希望來一個供給的大改善。我們承認合作運動爲經濟發展的主要路線，以及消滅盛行的黑市的一種方法」。一九四五年年初，代表俄軍佔領區一千一百個波蘭合作社的代表，曾在波蘭自由區召開第一次合作會議。

聯合國善後救濟總署的訓練處長曼克博士（Dr. Frank Munk）敍述希臘的杜爾里納村（Village of Doin urena）合作復活的情形如下：

這個小村曾兩次葬送於戰爭。房屋全部被毀。每一個未曾逃上山的男人女人和小孩，兩次都被殺害。而那些逃出去的人，兩次都已回來。

德人離去之後，人民臨時組成了一所學校和一所教堂。

並且還有第三件事情，就是鄉村合作這個主要的營生，實爲他們生活的基礎。那是德人所未曾殺害的東西。……全村緊密聯繫。他們首先重建了建築物。

他們使他們的合作社向前進行。

這是我所見到在歐洲國家內盛行的團體精神的標誌。……這是各國相繼獲得的經驗。他們並沒有袖手等候。他們要生活以及共同生活的決心是打不破的。我所到的地方我都可以證明合作事業是解放之後最先恢復工作的組織之一。他們是經濟本體復元的第一個細胞，並且在許多地方他們是復員程序的核心。（註六）

因戰爭的結果，歐洲許多合作事業喪失如此廣大的人力，所以活動能力恢復得既緩且難。德國的侵略者，以削弱其鄰國的見解，認爲處於領袖地位的人已被排除。有許多因爲是有行政能力的優秀份子而受屠殺。在一切被侵略國家內，合作領袖因政治的理由而受殺害。在捷克斯洛伐克，保加利亞與羅馬尼亞，這種人物的損失頗爲驚人。在許多國家內，經過戰爭而仍存在的，僅有以前合作社辦事組織的骨骼。但有了這種骨骼，可在適當的時候恢復他的力量。合作的勇氣未曾被毀。合作運動已重建了事業上所需的人力。

合作住宅

住宅的缺少亦是一個僅次於衣食的急迫問題。這是合作方法能夠最有效地發生作用的園地之一。住宅合作的實例在一切歐洲國家以及其他各地都已發達。斯托克荷爾姆（Stockholm）全人口的百分之十五，以及瑞典哥德堡（Goteborg）的百分之五十，都住在合作住宅以內。第二次世界大戰以前，丹麥、奧地利、挪威、以及其他各國的合作新村，都是美麗與方便的模範住宅。瑞士美麗的弗雷道夫鎮（Freidorf）完全為合作社所有，包括房屋、田園、街道、學校、商店、公園、飯館、和公共娛樂場。美國亦有幾處傑出的合作住宅的實例。

眞正的住宅合作與一市的及聯邦的住宅計劃不同，因為後兩者都是具有政治性的。他又不像美國都市裏的所謂「合作」的地產投機。在國有和市有的政治住宅區內，由當權的政黨控制房屋。但在合作住宅內，一羣房客按照合作方法而組成了團體。他們貢獻出他們所能得出的資本與勞力。貨幣則用長期信用的辦法借來。房屋于焉造成。此項房屋為全體社員聯合所有。每一社員可以九十九年的租期從合作社租得其所要住的房屋，期滿還有續租的權利。房主成為租戶。人民居住他們自已的房屋。他們享受到主人的利益而驕傲其財產。他們的租契如同產證。假使他們要搬開，過去投下的資本可以償還。他們在租期內頗為安定。每月的租費用作維持費和支付借款利息，以及歸還一點借款本金之用。這樣，時間愈久，住宅的成本愈減。各個人雖然不能出賣，但有居住自己房屋的享受和滿足。不過他可以出賣獲得所有權的股份。他的支配權是在租賃之內。合作住宅是造來滿足居住之目的，並非造來投機的。

倘若政府要告訴人民如何組織住宅合作，那末要有經濟上的設施，並且還要提倡民主的自助。政府訓練出來的專家，應召集人民向其說明這種居住的方法。政府可以貸款，如丹麥，瑞典，和德國等政府在第一次大戰以後所辦一樣，或與美國在農村電化管理局（Rural Electrification Administration）下對電力合作所處置的一樣。貨幣並非捐贈，完全照營業的基礎出貸與歸還。

最好的合作住宅，已由那些兼辦其他服務事業的合作社予以提倡。附有商店，麵包店，乳酪廠，醫務所，和銀行的合作社，在以上事業上再加住宅一項。德國在納粹失敗以前，他的合作社趨向於經營三種服務——倉庫管理業，銀行業，和住宅。有十三萬個家庭社員的漢堡合作社，稱爲「商店，銀行，和住宅合作社」。家庭之合作式的重建，在第一次大戰後已廣爲實施。

今日，住宅合作可與應用合作方法供給其他需要的設施相輔而行。當人民知道共有家屋，以及用民主的合作方法解決他們的經濟問題之際，他們將已向安定與和平邁進。

合作保健

在這十年間，受戰爭支配的國家內，有許多原因損害了人民的健康。因熱量缺少而失去氣力。疲倦病的產生，使得人們特別容易感染肺結核。重要維他命的缺少，發生了許多憂悶。佝僂病普遍流行。社會管制的破壞，增加了一些性病。大戰將近結束之際；以食物惡劣，休息缺乏，恐懼，憤恨，不安，痛苦，以及殘忍等集體的原因，大大地增加了精神病的機會。歐洲已成爲病人的一個病社會。大部份小孩都需要加以照護。軍隊裏的德國青年雖然吃得很好，但遭受了嚴重的精神失常。然而，逃避了納粹法西斯教訓的年齡較長的人民，應該幫助組織民主的合作保健。

全歐洲這一代的小孩，都在逐漸因飢餓而死。中國和印度也死了好幾百萬。那些仍舊活着的飢餓小孩中，有許多可以預測在長大後也會精神失常。一種特權階級沒有受到這種災難——就是納粹政府官吏的家屬。倘若生存的都是有納粹家庭背景的人，並且倘若其餘的一切都是一種衰頹柔弱的階級，那末其結果一定將實成獨裁而反對民主。

衛生問題不僅單獨在被侵略和貧弱國家內存在着。我們自己青年的身理缺陷也很可怕，美國有百分之四十的精銳份子被發現在身理上不宜於作戰，並且有百分之二十五不適於一切的軍事工作。在美國，戰前有百分之三十八的人生着不能做事的病而得不到醫藥治療。這是因爲醫生的缺少，並且因爲貧窮與無知識的原故。倘若我們要成爲一個健康的國家，那末我們必需要消滅貧窮與無知。這是對於救濟和改造的全部問題之一個說明。以克服在我們本國和其他各國內的疾病，貧窮，和無知，以作爲世界改造計劃的一部份，豈不應該嗎？那些勝利的但是在自然方面和社會方面都有病態的各國，豈不應該注意他們自己的病症，改善他們自己的能力，以補救其他各國的病患嗎？這可以同樣應用到百分之八十以上的人民死於貧窮的英國，也可以應用到俄國和中國。

倘若和平獲得和改造完成之後，製造和平的人必定要有能力創設和維持和平。和平是從戰爭的毀壞上建築經濟穩定的意思。這樣一種經濟不能由生理和心理兩方面都衰竭的人來維持。

除食住兩項緊急和迫切的需要之外，在救濟和復原上的次一步驟是建立衰弱者的健康。衛生，保健和醫療等設施，可以合作方法去實行。合作保健可爲改造工作的一部份。改良家與政府官吏的自然趨勢，是轉向容易的辦法，并使醫藥服務成爲政治作用。然而合作方法特別可應用到保健上面。合作的醫藥服務可以成爲其他合作機構的一部份。有商店，住宅，和銀行業的合作組織，再進一步可以增加一個醫務所。合作的特色是無限擴張。人們學會了供給一種需要，可以用他們的經驗再去供給另一種需要。並沒有止境。

一個衛生合作社的開始，可資聘一位醫師，做他所能做的事情。他以專家的地位，來保持社員的健康。他是一位普通醫師，最初是請來使用預防藥品以防疾。他以牧師的態度服務，當一般家庭都很健康的時候前往訪問，和他們討論生理和心理的衞生問題。他定期舉行健康檢查，保管檢查記錄以及社員的健康歷史。這樣一位醫師可以照顧兩百家左右的家庭，數目的多少視各種情形的不同而異。遇到病人需要超過他能力以外的特別照護時，則將其送往專科醫師。

這是一個開始。這種小規模的組織相當於合作商店之前身的購買團或購買會。這種團體聯合組成許多醫務所。他們在醫藥上的聯合組織相當於在商品分配上的批發社。衞生團體的聯合會可保存一所醫院，診療所，化驗室和藥店。一個大小適度及有經驗的合作社可以組織一個衞生部，由社員支付年費而參加。例如在德國侵入以前，荷蘭海牙合作社的衞生部有十二萬社員。該社亦有商店和麵包店。他的衞生部聘有專任醫師四十人，包括一切專科醫師在內。他保存一所醫院，診療所，幾所化驗室和幾所藥店。他也有一批護士，開行他們自已的病車，并且供給社員以病家的福利。市政府要佔有這個機構，但社員對於加諸他們的獨立和自助的政治侵佔常常加以反抗。這個合作社在納粹侵入之際仍舊繼續工作。該社現在能和國內的其他衞生合作機構，共同推行一個擴大的衞生計劃。

巨哥斯拉夫的衞生合作社，特別在農村的居民之間，完成了一種値得注意的服務。這種運動係於第一次世界大戰之後由美國傳教事業所發起，并且繼續發展到一九四一年。這些合作社組成了一個聯合社，總社在拜爾格雷特(Belgrade)。在一九三九年這種合作社共有一百二十五個，大約代表四十萬人。有些地方竟包括全人口的半數。還有七十個合作藥房。這些合作社有二十五個具備診療所和化驗室的衞生中心站。醫藥用品，血清，和牛痘苗等，都由他們自己的化驗室所生產。醫師與護士都一村一村地召集開會，告訴人民以衞生和保健方法。對於小孩的照護很為重視。這些人民因與馬房和家畜住得很近，所以在衞生合作社的計劃內包括動物衞生在內。結果畜舍清潔了，并且農村衞生也得到普遍改善。

死亡與疾病的統計也有了。衛生合作社之間有着競爭，以比較那一社能造成最好的記錄。凡是疾病最少的合作社，便可獲得獎品。這些衛生合作社雖然耗費很大，却仍舊在繼續活動，并且可以作爲戰後提倡全國衛生的中心機構。

印度的衛生合作社企圖應付因無知與貧窮而造成的大問題，已發生了幾分功效。在龐加爾省（Bengal），他們對於抵抗曾經造成該省四分之一人口死亡的瘧疾，很有幫助。中央抗瘧合作時（The Central Cooperative Anti-Ma'arial Society）爲大規模的衛生組織之一。該社從事教育工作，廣蓄池魚，替社員聘用醫師，排除治澤，預備蚊帳和藥餌，并且還出版一種月刊。一九四〇年龐加爾省乙千個以上的抗瘧合作社。坪白（Berbh）區曾派代表往巨哥斯拉夫研究合作衛生的方法。研究之後該區的結論認爲這種工作有開辦的價值，并且以爲如要獲得成功，應由人民自已投資，不應依賴外力。差不多全人口的半數都參加了這種合作社。大約有一百個鄉村的衛生合作社聯合組成了一個衛生聯合會。該會設置了一個中央診療所和化驗室，其中醫師經常開會討論業務改進的方法。每一個衛生合作社至少有二百五十個家庭參加。社中的醫師辦理着一切衛生事務。這意思不僅包括家庭訪問，和病人的臨所求診，而且還有衛生工作，排出，處置污物，用水供應，種痘，以及其他許多普通都由政府辦理的事情。印度普遍地發生了一種所謂「生活改善」（Better-Living）合作社。這些合作社從廣義的立場來處理衛生問題。生活改善是指更好的生理和心理健康而言。這樣，這些組織當排除污水與提倡衛生之際，同時還使人民從過高的借款利率下解救出來。他們改革浪費的行爲，減少婚禮和其他節會的用費，供給較好的食物，並且從事教育以獲得生活的最高享受。印度人所實行的衛生合作，可能發展而成爲一種改造的重要面。

馬來國家（Malay Siates）的衛生合作方法，係模仿日本所創造的方式。合作方法在日本農民的衛生上留有深刻印像。該處當合作方法未傳入之前，這些窮苦農人請不起醫師作爲預防或醫治疾病的目的，僅在病人將死之際因情感的關係而請一位醫師來看一看。這種過遲的醫治要耗費家庭全年收入百分之二十八。一九二五年在日本東部發生的衛生合作社，不久分佈全國。一九三九年全國有二百所以上的合作醫院。有些還附有訓練護士的學校。醫藥已成爲農民可普遍享受的東西，用費也減少到可以適應農民的收入。假使沒有一班軍閥的妨礙，日本不久就可迅速推廣這種合作保健的方法。

西班牙有一種合作醫院和診療所的制度，其方式且已傳佈到中美與南美 古巴和弗羅里達。這些合作醫院不僅是一種醫藥的服務，並且亦成爲娛樂與其他社會目的之組織系統的一部份。他們供應了許多需要的服務。

法國和比利時有附設醫院診療所療養院及藥房的衛生合作社。在法國，一九二二年成立的兒童合作社（L' Enfance Cooperative），係由兒童診療所開始。他在烏培隆島（Island of Oberon）上替剛患肺病的兒童辦了一個療養院。其後又在山上及海邊開辦了兒童醫院。在城市裏有產業工人組織的衛生合作社，例如擁有十萬社員的布魯捨爾工人互助社（Les Euvres Mutuellistes）。他有許多診療所和一大批醫師。巴黎設備很好的診療所之一是合作者聯合會（L' Union des Cooperateurs），成立於一九一九年。他除醫藥，手術，和牙科的診療所之外，還經營了三個藥房。

丹麥合作療養協會（Danish Cooperative Sanatorium Association）係由四百個合作社於一九〇三年所創立。到一九四〇年參加該會的已增到一千一百個合作社有二十萬社員。這個組織辦有醫院和療養院。

波蘭農業合作聯合會（Polish Union of Agricultural Cooperative Societies）於一九三六年開辦了一

個衞生合作社。烏克蘭的合作社亦同樣地辦了一個。這些組織以固定的俸給聘用了醫師。戰爭全然沒有停止他們的工作。

美國的衞生合作組織可爲戰後需要復興的各國做實例。在這些可作模範的合作社之間，有烏克拉呼馬洲愛爾克城（Elk City, Oklahoma）農民聯合會的合作醫院協會（Farmers' Union Cooperative Hospital Association）；塔克薩斯洲安姆海斯特（Amherst, Texas）的合作醫院協會(Cooperative Hospital Association)；以及其他那些表示人們在自動的社會組織內能替他們自己服務的機構。

上述的衞生組織在一切被侵略國家內都已存在。向來佔優勢的個人競爭的醫藥事業，已日趨消滅。今後的趨勢是國家醫藥，或合作醫藥，或二者兼而有之以來應付人民的衞生需要。戰時在被侵略國家內繼續服務的衞生組織可無限擴張。在這些國家內今天還沒有合適的醫藥服務。牠能在消費者所控制的富足經濟下發展。合作衞生組織最好作爲其他合作事業的一部份。爲了最好的結果，一切合作事業的總綜合實屬必要。（註七）

（註一）見一九四三年四月十九日出版之合作者（The Cooperator）。

（註二）見一九四四年一月美國合作協會之合作救濟和改造會議報告（Report of Conference on Cooperative Relief and Reconstruction）。

（註三）見美國合作協會一九四五年三月五日之合作復興小冊（Cooperative Reconstruction Bulletin）。

（註四）見一九四五年三月十五日之美國合作協會通訊社（Cooperative League News Service）報告。

(註五)見一九四五年七月二日聯邦交通委員會之羅馬尼亞內務(FCC, Ramanian Home Sevice)。

(註六)見一九四五年三月十二日之作合協會新聞報告(Cooperative League News Release)

(註七)如要獲得更多的消息,可參閱本書著者所著「醫師與公衆」(The Doctor andthe Public)一書;或者一九四五年合作協會所出版之本書著者的小冊子「合作醫藥(Cooperative Medicine)第四版。

第二章　合作的方法和意義

合作實務

第一次世界大戰之後，美國二萬五千家商業銀行中，有一萬家破了產。這種不幸係由於未曾保護公衆利益所造成。這是一種基本的錯誤。銀行不以存款者和借款者等顧客的利益而經營。他們却以僅僅供給銀行營運資金百分之七的那些股東和職員的利益來經營。股東和職員取得大部份的貨幣利得，而對於這種利得他們的貢獻僅十五分之一，但存款人的貢獻却有十五分之十四。但以存款者和借款者的利益而經營的美國的合作銀行業，雖然實際上遭受到經濟恐慌；却並未倒閉地仍舊存在。世界各地合作銀行的健全，證明了這種業務的穩定性。各種合作業務比其他業務失敗較少，可以說明合作方法的比較健全。

現在的情況正在改變。以商人和生產者的利益而經營的私人事業，可以料定要變爲以消費者的利益而經營的私人事業。消費者的意識正在增長。有一種滋生的信念，就是現今爲高價，稀少，以及個人間與國際間的仇視所辦理的事業，要被一種豐富，低價，以及產品易於接近消費者的私人事業所代替——一種倡導自助優於政府扶助，以及保證國際和平的營業方法。

有史以來，個人已覺得人與人之間和諸互助以獲得所需爲有利之事。近代這種事實，可由正在滋長而由人民自辦以供應其所需的許多合作事業中見到。這代表經濟的直接行動。合作業務並非在乎獲得成本與舊價的差額，並以這種差額往其他廠商購買個人的消費品爲目的。這種爲消費者所有的事業，利用互助，爲使用而生產，並非爲出售而生產。我們的祖先當家庭生產他們自己的衣食住的時候，已經實行了消費合作，而以消費的旨趣作爲他們勞動的直接目的。現在非營利的合作事業效法了這種古老的行式，但係應用近代的發明以從事。社會團體，互助社，以及合作社等，都可以代表這種活動的方法。

我們已經知道人們如何合作地聯合起來供應他們自己的居住和保健。他們應用同樣的方法供給他們自己一切有用的商品以及許多重要的服務。他們開始係以少數人聯合供給一些需要。少數農民聯合起來共同保有一架收穫機，或者創辦一種石油事業以供給他們自己的石油需要，或設置一個電話網，一所電廠，或一種保險事業。一組人開辦一個採購團或食品店，銀行，或醫務所，或者他們辦一個汽車房或修理店，居宅業，或娛樂場。他們從小規模開始，再行擴大。採購團成爲合作商店。合作商店又聯合組成他們自已的批發合作社。批發合作社復進而從事合作製造。

表示合作組織之特性的第一原則是民主。合作社社員不論投資數目的多寡，一人一票不能增加。但單獨這一條款不能保證民主，所以較完善的合作社應用近似的其他方法以幫助提倡民主精神，並且要求全體社員的共同參與。民主不流行的合作社，獨裁就要發展，並且合作社就不活潑而趨向失敗，或者變成一個私人的營利事業。民主在合作方面並非爲一種理論和理想，他是一種成功的要件。他並且是一種實際的經營方法。

以成本或市價出售貨物與勞務給社員之際，打倒了利潤。倘若採後者，那麼市價與原價之差定期還給社員顧客，正如發還儲蓄一樣。這是照他們交易的比例支付的。因爲合作事業係爲服務而經營，並非爲利潤而經營，這兩種方法都使消費的社員以原價獲得商品與勞務。但是因爲要不擾亂時價，並且要有積置準備金的可能，所以社員常以市場時價受供應，而將純盈餘隨後再付還給他們。歸還盈餘的方法並非對一切領域都有必要。合作保險，醫藥診治，及娛樂，常常是立刻以成本供應的。

按照一般或稍低的利率標準，支付資本的利息。這利率是固定的，並且不以盈餘的數目大小來決定。資本是借用的，對他所支付的利息是一個固定的數目。盈餘，即在別種營業上所稱爲利潤的，並不分配給資本，而以交易的數目爲比例而分配給社員顧客。人們自動參加合作社爲社員，並且由社員加以承認。他們並不像他們對於國家一樣，生下來就成國民。

眞正的合作事業對於政治，宗教、種族、和國籍等都守中立。這就是他們供給了一切人民都可來聯合的共通基礎。這有關合作社的集體行動。至於個人社員，並不限制參加合作社以外的其他團體。

社籍開放。沒有一個人會受合作社排斥，除非一般社員相信他的加入係以破壞合作社爲目的，或是他的入社對合作社有害。

常常實行現金交易。社員需用借款的話，可從信用合作社去獲得。合作方法的一個基本目的，是使人不要負債。

以合作的目的和方法來教育人民的工作，已被合作社所實施——。每一個優良的合作社都有一個教育委員會，一位教育組長或幹事。至少有千分之二十五的盈餘常常分配給教育。

合作社與其他合作社聯合組成地方性或全國性的組織。全國性的聯合會又加入了國際合作聯盟。

合作社當熟悉一種業務之後，擴張到其他新的業務，認識對于供應人們需要之努力，實無限制。

這些方法，表示了最優的合作實務，與具有世界觀念的民主領袖之理想相符合。大部份歐洲被侵略國家的人民很熟悉合作理想。當我們審查一下活動中的合作方法，我們至少會感到牠能解決以往所沒有解決之生產和分配的問題。他的方法和理想已在乎此。問題是要使牠在人羣中發揮效能，所以他們可以運用這種合作方法，適合他們的需要。可是人們往往失于判斷，忽于把握，以及有效地採用一種最適于某一工作的工具。

合作方法之能應用於世界改造工作，並非因牠造作一些新的和臨時的花樣，而是因合作方法之繼續和發揚。人們對此則已熟悉而有經驗。

以綜合的世界組織活動着的合作事業可無限發展。他們建立了一種公平分配制度的準則。要各個人對於他們祖國混亂的經濟忠實是有問題，但是一羣合作團體的各個人對於他們自已的民主組織制度忠實，却可望獲得信任。

事業的目的在減輕消費者的費用，這就是使他們增加獲得生產必需品。美國以及其他少數國家的消費合作社，以謀消費者的利益為他們業務的最高目標，他們為消費者的利益而證明食物價值並標明其等級。一切國家的合作社都應該這樣做。分配純潔與營養食品的問題，對消費者有重大影響。

但是合作方法並不適合于那種想過分積聚的個人。為了社員的利益，一個合作社使用那些營利事業所應用的有效方法。但並不是那些鼓勵個人無情地貪婪的方法。今天人類的主要目標是在獲得適當的生活。戰前流行之要發大財的野心已較差。就結果而論，合作方法頗適合時代的需要。合作方法與其他的辦事方法可以一致。他們不需要隔離或單獨運用。在博愛，國營事業，私營事業，以及孤寂的個人之自給自足等環境中，都可以進行。合作可與各種供應人們需要的方法共同發展。

合作事業與營利事業的關係

有幾種古老的原則，在世界改造中值得保存。其中之一就是私人的所有權。任憑改造者的意向如何，但獲得和佔有財產的滿足，却無法從人性中滅絕。流行的觀念要使人類成為無產的羣衆，係違背自然和有益的衝動。如讓國家佔有一切財產，那末强有力的人類將起而抗拒，他們在飢餓中還要同財產結合在一起。以國有爲有力量的經濟方策的理論，是不自然和不切實際的。牠第一步先要控制人，然後再來控制思想。

訣得很多的國家功能的擴大，以糾正個人主義的缺點，尚未獲得證明。全部國有糾例了勞工與消費者，並且不能適當地幫助雙方。私有制的所以名譽不良，因爲他證明是反社會的，例如特權的和獨占的私有。反社會的私有是指一種私有事業，其經營的目的不是供給人類的需要，而以獲得成本與售價之差額爲目的，並且希望這種差額愈大愈好，最後犧牲他人的需要而獲得財產。

同時，普通所了解的合作事業不是組織起來賺錢的。我們和那些稱合作事業是賺錢的人不需口角。這是一個解釋的問題。從現在的業務立場，合作事業以市價出售而賺一筆利。這種利潤他們作爲紅利而付給股東；他們不以擁有的股數爲比例而支付，但以每一股東向合作事業惠顧的數量爲比例。這是股利處置的不同。利潤歸還給因給付而創造利潤的人這是合作的營利的意義，而不是合作的意義。

任何聰明的商人。都知道如有深切關注其業務成功的人民爲顧客則對其業務有利。消費者担負了這種責任，並且享受了利潤或儲蓄，他們的利益就獲得保證。股份所有權的廣大分配，股份落入全部顧客之手，實爲良好的經營，並且幫助事業的成功——如合作事業所實行的一樣。

以消費合作方法所經營的事業是私人事業。他贊成私有反對國有。他並非辦來向人民賺錢，但僅在供應擁有和辦理這種事業的人民之迫切而直接的需要。在合作方法內，人民集合他們的私人財源而共同運用。倘若他願意的話，每人都能夠退出他的股款，這樣證明了他是一種私有制度。

盛行的營利經濟已產生了禍患，例如本世紀的兩次世界大戰以及社會上發生的許多病症。但在過去數百年資本主義的時代。世界目擊了科學，藝術，財產的積聚，生活程度的提高，仁慈的進步等等最大的進展。這些利益直接和個人自由相連接——事業的自由，競爭的自由。

並且在這個時期內，事業的合作方法也有了他的發展。一九四四年是英國羅虛戴爾所創始的標準合作之第一百年。倘若沒有重演世界大戰的徵象，那末這個時期必能被慶祝爲一個重大世紀。人類對于較佳的事物，意向已異常增高。所謂繼續維持現狀或許要比無組織的變動爲佳。從現狀發生的改革，或許比較從與劇變相連的混亂和不安定所發生的那種改革爲優。現狀最終比較劇烈的革命貢獻得更多。能够改變情況以及支持他們所造成的改變之人，不需要促成混亂以招致改變。我們可以在已知的根據上，繼續我們現在所處的情況，比較拋棄我們的所有而開始一些不同的事物來得更有保證。倘若那不同的事物是好的，那末最好和我們已有的合併，因爲從事已知的比較從事未知的來得更實際。這是反對劇烈的革命以及主張以合作從事發展之強有力的理由。倘若以提倡革命爲建立合作方法的手段，那末這種激烈的主張應予拒絕。合作方法因其日趨優勢的發展而證明其自已爲較佳。

當全世界不在革命的，而在進化的經濟和社會變遷時期中，可以見到維持許多舊式的私人事業之利益。我們已適應了許多這些事業，而他們也對我們服務得很好。以往從事有用的生產和分配的營利事業，將由改造機構予以鼓勵及幫助。新的事業也必需要樹立起來，以應付消費者的需要。營利事業與非營利的服務事業應同樣予以注意。人民本身因懶惰與無用，不能運用合作事業來幫助他們自已的地方，營利事業可望其來先開始供應。在社會機構之內有摩擦之處，但因忍耐與加油，到相當時期就光滑了。

服務或營利的私人事業能做的工作，比較國營事業表顯出某些不同。營利事業使他本身和合作事業競爭。最後，兩者中比較有效的可望占優勢。但國營事業甚至于在高度無效之際仍能存在。私人營利事業終必給予合作事業以地位，但國營事業却要爲固執。營利事業一定要獲利否則就是失敗。國營事業却可以在損失金錢後仍無限制地進行，以國家無限制的課稅力而保持其存在。營利事業常常倒閉休業，但國營事業却很少倒閉。許多國營事業有勢力的職員，透過政治而執行職務，他們要繼續保持並且擴張他們的工作。

合作事業能在營利事業失效的地方發展，但很少發現合作事業與國營事業相競爭。政府往往是一個特權的組織。並且因爲這種理由，政府的所有權是危險的。

在學理的改良家間流行的意見，認爲國營事業就是合作事業，這一點意見難以維持。國營事業他們稱爲「强制合作」（Comrulsory Cooperation）；而合作他們則稱爲「自願合作」（Voluntarv Cooperation）。這是一種意義上的牽强附會。合作的價值就在他的自願的性質內。這一種經濟上的自由組織是無比而與政府無關的。他是國營事業的反面。

應該希望救濟和復員的政府機構來鼓勵營利事業。喜歡看到合作在到處都能成立的人，將發現營利事業較諸國營事業更易變成自願的合作事業。

一些學理的「激進份子」（Radicals）非難這一點意見，認爲反動。一種流行的意見認爲激進主義就是混亂。我認爲普通稱爲激進並且以擴張國家功能的觀念爲基本前提的現行主義爲高度反動。結果產生獨裁政府，樹立國有的專利制度，造成形式上藉員任官的特權階級，並且壓制自由表示等哲學，在他所根絕的社會價值內是激進的。事業的合作方法是在經濟世界內活動之最激進的力量。他既不產生混亂，又不需要混亂的生張。他激進的原因在乎根本上而不在枝節上，影響經濟問題。他安靜而有秩序的

成就，產生激進式地改變經濟制度之永久結果。（註一）

消費者的合作製造

因爲要在國際改造中有效地繼續合作方法，被侵略國家的合作事業應該提高他們的製造力。在他們已重建和擴大他們的合作零售店，加强他們全國業務聯合會或批發合作社，以及收回他們的倉庫到他們自已手中之後，他們應特別着重于製造。他們需要生產貨物以儲入他們的倉庫，使能充分供應他們零星的配售，並且供給就業的機會。合作生產是消費合作推動的目標。生產完成了經濟上的循環，並且聯繫合作方法的各種經濟利益。

因這種意義，合作人士在批發者和零售者的儲蓄上，再加上製造者的儲蓄。在美國，製造設備的購置，在少數幾年之內就可以付淸他們自己的價款。消費者因爲替自己生產物品，所以獲得了價值好幾百萬美金之製造用的財產。並且照製造成本而獲得貨品。

消費合作擁有他們自己的工廠，並且因他們自己的用途而生產，生產不足和生產過剩的紛擾就不能成爲嚴重問題。合作生產是爲了一班已知其消費力的熟悉顧客而生產。他們可以替自己生產所需要的數量和品質。並不需要廣告和銷售術以推銷貨物。

這種消費者所擁有的製造業决不會失敗，我們曾經看到營利事業的工廠關門和機器生銹，如早于一九三〇年的情形一樣，但在那個時代，消費者的合作製造事業並沒有倒閉。因爲他們是富有零售經驗的業務聯合。這些聯合會也辦成了批發業。同時合作事業也達到了自己製造的境地。他們有一種可實行的業務制度，可以避免使營利事業失敗的原因。這是依事業本身和消費者的雙方利益而設計出來的計劃生產。

這種合作生產之另一特色，就是消費者卽爲所有者。當貨物已生產完成而離開工廠之前，已屬於付淸價款而行將使用這些貨物的消費者了。事業成功和困難的責任都於屬於他們的。辦這條一種屬於消費者的生產事業，可以甚至於比向營利廠商購買貨物更不經濟，但仍舊不會失敗。工人小屋背後的家園，可以生產那些能用較廉的價格向消衍雜貨商買得到的食物，但雜貨商失敗和關上店門之際，家園卻仍繼續生產着。所以消費者的合作生產，有直接的經濟計算以外，以及超過直接的經濟計算以上的價値。

在美國，現在工廠主人來向合作事業要求出賣他們的設備。有一位工廠主人說道：「政府要取去我們百分之八十五的利潤。我們已不値得去經營這種事業。你們合作事業能使他轉機，因爲你們不需要獲得利潤。」購買這種工廠的金錢很容易得到。因爲銀行來向合作事業報告何處有可以廉價購得的工廠，並且供給貨款去購買。這樣合作事業有資本家的銀行替他們尋覓交易，並且貸與款項使他們可以擁有自由和確實的財產。這種情形產生了某消費合作社所出版的一個小册，定名爲「擁有你們自己的工廠；自得工廠。」

要說明美國一些合作事業因擴張他們的活動超過零售而及於生產所產生的儲蓄和利益，可以談一談米蘇利州（Missouri）康薩斯城（Kansas City）消費合作協會的情形。這個協會於一九二九年以三千元美金的資本開始。他於一九三九年以五十萬美金的代價，設立了美國第一所合作汽油廠。從這個事業所產生的儲蓄，在不到兩年的時期內償淸了設備的價款。這意義就是說倘若他成爲一種營利事業，則每兩年所造成的五十萬美金的利潤或多要，就給別人賺去了。現在所不同的，因爲消費社員以市場時價支付產品，在不到兩年的時間內，已在經濟上積蓄了充分的餘款，足以使他們成爲生產設備的主人了。他們會借入金錢。他們償淸了本金和利息。對於貸款人這是一種良好的投資。對於合作事業的社員卻是優良的事業，因爲他們毫無犧牲地而能使自己成爲每兩年繼續儲蓄五十萬美金的製造事業的主人翁。

這個由八百個零售合作社所聯合的同一合作事業，現在已擁有了三個煉油廠，許多油井，以及數百英里的輸油管。他最近加其他四個地方性的聯合社聯合購買了一所價值四百萬美金的產油設備。該項設備將於不到三年的時期內，以業務的儲蓄付清它本身的價款。這筆交易包括一所每天有一萬三千五百桶產量的汽油廠，一所每年有一千萬加侖產量的潤滑油廠，一百六十九處油井，二百八十六英里的輸油管，以及十萬零四千英畝的油田。

其他三個地方性的合作聯合社，於一九四二年聯合設置了一所範模飼料工廠。這對於農人在難以獲得飼料的時候保證了供給，並且這種事業因以市價供給社員以飼料，在十七個月之內已償清了他全部資本投資六十五萬美金。

美國的各作事業於一九四四年供給其社員以數十億加侖的摩托車燃料用油。當合作事業停止在零售業階段的時候，他們在每加侖汽油中替社員節省了二厘半美金。現在進至製造業的階段，他們每加侖要節省二又四分之三分的美金。當合作事業向批發商購買罐頭蔬菜，他們每罐節省二又四分之一分美金。現在，他們擁有罐頭食品廠的情形下，他們每罐替自己節省了二角四分美金。美國批發合作社（The American National Wholesale）這個全國性的合作事業，以二十萬美金買進了一所牛乳機廠，並且在不到兩年的時期內，由儲蓄付滑了價款。以這些同樣的方法，合作事業以九十萬美金獲得了一所農業機器廠；罐頭食品廠；一所農業曳引機廠；許多飼料，麵粉，和肥料廠；以及其他許多工業的生產設備。

敍述了這些關於美國合作製造的少數事實，係因他們的情形可以應用到其他國家。被侵略和貧弱的國家，發現他們自己處於類如美國貧窮農人的境地，再加上他們已失去他們財產的所有權。現在他們所有的財政資源，決不夠買回他們所失去的財產。但是他們却有驚人的消費力。如何將這種消費力轉變爲購買力，是一個重要的問題。信用是需要的。勞工可以用合作方式耗費他的工資在零買方面，樹立所有權，聯合組織零售合作社，最後回到生產這一點而解決了問題。以一百年來的標準合作的經驗，這個計劃的第一部已完成得很好。且已從此發生廣大的生產經驗。

美國合作社借入大量資本購入或自建生產設備，以及立刻給予消費社員以儲蓄利益的方法，頗爲有效。倘若人民回到一百年以前的場合，那末這方法就不可能。但是現在因爲他們已有了合作式的辦理大規模事務的經驗了。在美國，合作信用來自消費社員的儲蓄，營利事業以及營利的銀行。在貧弱的國家內，也可以從一切這些來源獲得信用。積聚了數百萬人的小額儲蓄之人民銀行和合作銀行，能够供給信用。以長期信用購買生產設備的全部，實爲自然的方法。貧弱國家的政府或外國政府，都能貸予這種款項。美國政府已供給了數百萬美金作爲救濟之用。他的租借金徧及全球。商業銀行資本的過度積聚，除融通合作事業的金融以外，不能發現更好的投資出路。合作事業積聚資本的自然方法，是由消費來節省。這種財富最初從應用於原料上的勞工而來。最後，合作事業應該建立他們自己的通貨，並且使他在融通生產事業的金融上流過。

美國的農人曾一度擁有農田，農田在國內是重要的生產設備。經由價格與利潤制度，農人已失去了這種財產。但利用合作方法他們可以把牠收回來。他們現在已使他們自己成爲所用物品之製造廠主人。印第安納州的合作事業，曾經出版了一套對照的圖畫。一方面表示農人們已交易了多年的工廠。這些圖畫標明：「我們對於這些工廠已付款多次，但還沒有獲得他們。」另一方面是他們合作工廠的圖畫，標明：「這些工廠我們一次購買之後，便永遠保有了。」美國樸實的人民曾失去了他們財產的所有權。他們利用合作方法已收回了既失財產之私人所有權。這是對於被侵略國家人民的教訓。我們已從他們學習了；他們也可以從我們學習。

由於利用合作方法，這些人民有了一種用消費的購買力以獲得資本財富的手段。這些合作的情形很爲重要，因爲他們可應用到戰後所發生的環境裏，並且在這種環境下，他們可以建立一種基於標準辦法之可實行的經濟制度。窮人能够「消費自己」而獲得所有權。在居住上，他們已利用合作方法以獲得房產。這稱謂「吃到自已的家與屋裏去」。在製造與農業上，消費者則可以由他們自己的交易而獲得所有權。

在一切這些情形下，機械表現了一種繼長的重要部份。做成東西必需勞力而以手與腕做東西的日子已成過去。現在以一個人使用採棉機或收穀機，做了一百人的工作並且代替了九十九名工人（註二）。在其他大部份的企業上正進行着同樣的變遷。工業機械化僅在開始。他將一直繼續到勞力已減至照現在看來不可思議的最低限度。科學的產品可以成爲人道的威脅，因爲牠驅人民失業並且替少數人創造財富而替多數人創造貧窮。失業的工人是一種三項的危險。他們不再有購買力以購買其他工人所製的產品。他們移入工業中心，願意以較低的工資取得其他工人的地位。由於接受救濟，由於增加租稅來維持他們，由於生理上和精神上的墮落，他們成爲社會的債務。流行的經濟所需要的是當人民失業，並且當他們需要雖大而不能購買的時候，去補助農人生產較少的物品；而當政府在購買農人的產品每年要負債八百億美金的比率下，却去生產得更多。

驟看似無法解決營利經濟下的生產過剩和消費不足。一種節省勞力的辦法僅在產品爲消費者所有而爲消費者所享的情形下值得祝頌。對其用品之生產負責的消費者，才受到科學與技術每種進步的利益。

這一種節省勞力的辦法，被產品的消費者所採有而實行的，却並不驅工人消費者（Worker-Consumers）失業；他替他們獲得更多的餘暇。並且他們可以用那種餘暇生產他們爲自己消費的更多東西，或者他們可以陶冶他們的[illegible]以及增進他們的文化。

大規模的合作事業

合作方法可應用到一切的經濟事務上。他已證明可應用在零售業以供應每一種需要。他已在大規模的批發和製造業上獲得成功。他又已返回到原料資源的煤礦，石油、森林、木料、茶與咖啡的種植，深海捕魚，水力，和農業上。在許多地方，他興辦了國內最大和最有效率的事業。政府所經營的一些事業，有些人以爲不能由同樣的人們以合作社社員的行動來辦理。有一種盛行的觀念，認爲自動組織合作社的人，比較國家強制下的公民不合辦理大規模事業。這一觀念在第二次世界大戰之前和開始的時候，無阻礙地流行着。在那個時候，認爲還有比民主更有效的方法之信念，獲得了各方擁護。墨索里尼與希德勒欣賞了這種奇績，並且贊成資本主義式的大事業。

但是民主而自願的組織有一種眞正的價值。對羣衆能力之流行的批評，對淸白人民之嘲笑，訓示並驅使人們工作的談論，很容易地從口中講出；雖然，這些淸白的人民必需要加以考慮。他們至少應加以安慰，並且他們對於許多建設性的事物負有責任。他們已在他們的合作組織以及職工聯合會上證實了他們的能力。當然，羣衆並不創造理想。理想是個人的產品。然而，自由的羣衆從有創造力的個人得來觀念，做一種重要的事情。他們表示贊成或不贊成。投贊成或反對票的自由權利，就是民主的標記。

說人們強制的組織比自願的組織更聰明，並沒有根據。當理論上主張自動的合作社社員，不能擁有和經營鐵路，煤礦，鋼鐵廠，自來水，電力，和電話等公用事業的時候，這主張是無理由的。因爲合作事業已經參加了這些領域。在合作以外，一切這些服務都在自願組織的營利事業的人們之手，而這些人們除出利潤的分配未使公衆得到最大的利益以外，實在已做了一種很好的工作。謀利擾亂了這些流行事業之真正價值。倘若原價與消費者價格之差，係以交易的比例而不以他們股份的所有額而分配給使用者，那末這些事業純粹成爲服務的機構了。倘若每一個股東僅祇有一票權，並且假定每一服務的使用者就是一個股東，那末民主就可獲得保證，並且以少數人的利益爲準的獨裁統治也就不會可能。當這些事業在自由企業的私人之手時，他們傾向合作。當他們落入國家之手，他們趨向逃避人們的控制。「國有」與「合作所有」毫無關係。

關於自由的人民有無能力以合作組織辦理大規模事業，即他們今天所已擁有或辦理的事業，不到半世紀以前，據說「這是超出合作者的能力以外，他們應由政府辦理的。」合作事業正在發達。他們已經無間斷地擴張了一百年。附有一所雜貨店的小規模地方合作社，果然不能辦理鐵路。但當這個合作社擴大而供給其社員的一切需要時，當其與國內其他公衆的合作社聯合時，並且當國內的地方聯合社聯合成全國性的聯合社時，乘坐車船的人們就能擁有和控制這種他們所使用的事業了。當韋勃氏（Beatrice Webb）在三十年前所說公共運輸應該國有的時候，他沒有看到今天一個人能坐在爲消費合作社所擁有而經營的公共汽車內行駛全英。在美國，數千所電話和電力事業由他的使用者合作擁有和經營，證明了人們的能力。美國有七十億美金的保險總額之二千個保險合作社，以及一萬所信用合作社，說明了人民方面能夠替他們自己如同朋友和鄰人般地辦理大事業之逐漸增長的意識。

大規模合作事業所需要的金錢，特別係從合作方法的儲蓄而來。他從一個大規模的儲藏庫而來。假如合作方法是美國事業的特色，那末屬於合作社員之每年儲蓄，即爲代表合作利潤之數十億美金，再加上小規模事業與服務的利潤。辦理大規模合作事業的人們，包括許多在資本家控制下負責的同樣技術與管理專家。當合作事業購買一所汽油廠或一所工廠之際，他們將職員與事業一起接收過來。主要的變更是所有權，控制權，和利潤的分配，事業的經營却仍舊完全與從前一樣地進行。

世界上一切專家都是消費者，這樣就供給了人力，從這種人力上，合作社得到管理人材。能够辦理營利事業的人們也能辦理合作事業。假如合作方法是實際的經濟制度，他必能擴張到一切經濟領域並且供應一切的經濟需要。（註三）

合作的國際聯繫

被侵略國家的人民，在提倡他們的合作事業的時候，有其他合作機構的幫助。合作人士有已活動了半世紀的國際合作聯盟爲國際機構。他們相互了解，並且有共同經營事業的經驗。他們以相互交易而不謀利爲目的。他們在戰爭牽涉到的國家內，有商店，倉庫設備，米穀起重機，屠宰房，牛奶棚，整理與包裝設備，麵包店，以及其他的食物設備等。

合作事業不代表政治的，宗教的，或種族的集團，但包括各階級的人民。他們特別代表收入低微的人羣。這些特性使他們對於能够提倡救濟與改造的這一種國際商業的性質相適合。

合作人士國際的聯繫，可以用來跨越國際的與種族的疆界而擴大同情與親善。這就是國際合作聯盟的作用。在第二次世界大戰期間他的活動雖然停頓，但在人們的心目中仍繼續存在。除出在各國有戰爭的期間受中斷外，聯盟的大會從一八九五年起經常舉行。本書著者在第一次世界大戰以後於一九二一年在瑞士的培塞爾（Basel）所舉行的第一次大會中，亦是一位出席的代表。這是集合了一切交戰國家的代表的任何國際會議的第一次。來自二十五個國家的一千二百位代表，表示了他們的能力超過怨恨之上，並且在人類友情的集合中互表歡迎。聯盟下次的會議仍將同樣地去做。一九二一年以後聯盟的會員增加到超過三倍。這些國際會議代表一種人民的聯合，委身於互助的目的，以獲得他們所需要的較好的東西。一切交易都是開放和公共的。沒有祕密條約與協定，沒有商業的仇敵，沒有不能發言的少數。所做的每一件事情，旨趣都在使一切國家和種族的人民密切地聯合在一起。所有的討論都贊成自由貿易和國際間的自由接觸。他們主張消滅使人們隔離的政治設施。合作事業要取消關稅，護照，通行證，貿易的歧視與祕密條約等。在一切的世界會議中，國際合作聯盟的會議好似經濟建設會議，卓越地主張世界友愛與和平。

過去三十年的歐戰與革命，阻礙了聯盟的發展。當第二次世界大戰結束之際，他是一個擁有七千五百萬個人社員之三十五個國家的全國合作聯合會的聯盟。這是一個最有力量之自動的國際組織，並且是一個唯一的消費者的國際組織。他也代表世界上已合作地組織了的生產者。因其固守中立的原則，所以使他能代表一切經濟的和社會的團體。他的社員來自每一個較重要的種族，宗教，和政治階級。他還較其他團體最能代表世界人類的組織。雖然他的性質非政治的，但政府承認他，並且邀請他參加他們的會議。他曾被請派遣代表參加國際聯盟的某幾個機構，而國際聯盟亦會派了一位代表參加過國際合作聯盟的會議。他已被聯合國善後救濟總署（United Nations Relief and Rehabilitation Administration），聯合國糧食與農業會議（United Nations Conference on Food and Agriculture），以及國際聯盟的國際勞工局（International Labour Office of the Leaguell of Nations）所正式承認。他的自動，自由競爭，互助，以及自助等原則，在世界各國的領袖們所召開的各種會議中，於探尋世界和平與繁榮的範本之際，都曾被反覆陳述。

國際合作聯盟與國際勞工局有一份被這次戰爭所牽涉的一切國家之合作社名單。這些國家每一國都有一個全國合作社的聯合會。這些合作社每社的名稱和地點都有記載。該記載還包括管理者的姓名在內。每社有一個中心機構與其餘部社員的姓名和地址，以及每一社員對於合作社投資金額的記錄。並且，這些國家每一國都有和其他各國的同樣人物相熟悉的合作幹部與領導人物。這是在鄰近國家間的顯著情形。鄰近國家間的商業關係往往很密切。當一國的合作社有一些商品的剩餘，其自然趨勢是將這種剩餘品運往需要這種商品之最近的合作社。常常發生這樣的情形，就是一國的全國合作協會要購買或創設一所製造工廠，假設當時該廠的產品超過國內合作社的消費量，那末該合作協會就立刻設法邀請鄰國的合作協會聯合參加這個計劃。這就是國際事業的普通形式。這可以牽涉到兩國，三國，四國，或更多的國家。當一個計劃對於一國的合作協會看來認為太大，那末一國或幾個鄰國的合作聯合會就被邀來參加共有這個事業，並且更普徧地分配其產品。

這種越過國界的合作事業的聯合組織，在存有強烈的政治和種族衝突之波羅的和巴爾干（Baltic and Balkan）國家間進行着。合作運動的力量已超過這些仇恨。同樣的聯合在斯干的納維亞的（Scandinavian）國家間，斯干的納維亞與巴爾干間，英格蘭與蘇格蘭間　以及加拿大與美國間都盛行着。這些聯合都聯合在附有國際合作事業組織的國際合作聯盟這個最大的國際聯合之下。

人們越過國界進行這些事業和社會關係，使得相互間頗為熟悉。這種友好關係存在於鄰近國家的人士，以及國際合作聯盟和他的國際會議間。每一國家的全國合作協會都每年或定期舉行全國會議。

這些全國會議有其他國家合作同志的親善代表（Fraternal Delegates）來參加。加入國際合作聯盟之四十個國家的全國合作協會，經常宣佈和發表開會的時間和地點。參加聯盟之其他全國性合作協會，被邀派遣親善代表。這些從外國來的參觀代表受到一切可能的禮遇，並且使得與到會的合作人士相認識。因此這些人們間發生了密切的友誼。

要說明這種國際的認識，本書著者可以引證其自己的經驗。本書著者曾在加拿大，英國，瑞典，比利時，芬蘭，俄國，德國，與大利，和瑞士的合作會議中，以一個美國代表的身份而參加，並且向他們發表演說。本書著者在合作事業間的行程歷二十三國之廣。在許多地方，本書著者都有可敬的朋友。戰前經常有些相知人士來訪問美國。合作人士看起來很容易從一國移動到另一國。在戰時，本書著者受戰時新聞局（Office of War Information）之請，曾向中國，丹麥，法國，挪威，瑞典，捷克斯洛伐克，意大利，以及其他國家的合作人士廣播。本書著者受戰時新聞局之鼓勵，在這些廣播中對於外國的合作朋友介紹了個人的見解。同時本書著者也聽取了爲他所認識以及聲音爲他所熟悉之合作人士從國外演說的廣播。本書著者常常收到世界各地合作領袖和幹部的信札和電報。這些信札和電報與業務無關，不過表示問候，好意和友誼。本書著者深信沒有一個國際組織有如合作運動所盛行的休戚相關和友善的程度。

在政界與營利事業界却沒有這樣完全相當的情形。越過國界而擴張的合作關係，在性質上特別眞誠與友愛。他在意識到共同利益，方法與目的之人們間，代表着一種友愛。無種族與仇恨的自由，使他成爲沒有混亂與複雜。他代表可能在一切人們的生活上無限擴張之一種全世界的同心協力。

這種討論針對利用合作方法以救濟災害與發展世界改造。對於這些目的所必需的力量，端賴那些組織世界合作運動的男人和女人。

（註一）參閱本書著者所著「社會主義的趨勢」（Socialatic Trend）一書中討論所謂「激進」運動之第十七頁。

（註二）現在所使用的採棉機可以做一百五十人的工作。

（註三）如欲討論大規模合作事業與經營事業的政府對照，請參閱本書著者所著「合作民主」（Cooperative Democracy）一書，一九四三年哈拔安勃拉塞（Ha:mper and Rrothers）書局出版，其中一〇六頁至一二三頁「合作和政府所有權」(Cooperation and Governmont Ownerphip）一章。

第三章　合作與政府的關係

國營事業與行動的自由

國營事業與私人事業不同。認自己爲國有財產所有者的一份子的人，係自己欺騙自己。這樣的所有權，還非他所能控制，他也無力使牠變成金錢，並將金錢掌握在手，以證明其所有權。

當營利事業漸漸演變爲國營事業的時候，合作事業却走向相反的方向。合作事業愈多，國營事業的可能性就愈少。對于這件事的理由之一，就是失敗，投資資本的損失，勞工的變動，以及消費者的不滿意等，在合作事業要比營利事業爲少。（註一）

消費合作社贊成取消政府所設置而使得人民隔離的障礙。合作人士贊成促進國際間的自由接觸與貨物交換的方法。消費合作之自然趨勢，的確在乎漸漸少考慮政治的國際界線。

合作又主張個人間的自由貿易。要造成祇許有國營事業的全能國家之社會主義的傾向，完全與合作的趨勢相反。沒有合作運動或合作領袖要求一種獨占的合作經濟。在合作方法內沒有沒收。合作事業購買他所獲得的東西，並且依銷售者的價格付款。

在美國，消費合作事業反對向政府要求或接受其贈予。他們明瞭競爭是有利的。合作事業在與其他事業相競爭的情形下已生長了一百年。合作領袖們明瞭政府如特許一種事業獨佔全部營業，那末那種事業的趨勢就是衰微平凡。爲了有最好的結果起見，與其他事業的競爭是必要的。任何其他私人事業，都可使他本身建立起來而與合作事業相競爭。在自由的場合，對於人民服務得最好的事業，最後總會與盛。因這種同樣的理由，合作人士要求人民所擁有的合作事業，也應該不受歧視，建立本身，與其他事業相競爭。合作反對特權。每一種營利性的事業應該任之盛衰勝劣敗。這些不是理論；他們是合作社興盛的實務。在過去，如有特權可得，合作事業或許從政府之手接受，但沒有發現這種情形。合作事業的確曾被歧視，現在他們却因曾被歧視而有了一種比他們如受特權而成功之更好的地位。

對於自立自足的合作原則有一個例外。在貧窮的人民之間，政府幫助合作事業以開創金融，並且也供咨詢與指導管理。這就是印度信用合作社，聯合農場救濟社（Federal Farm Relief Societies），以及美國失業者之間的自助合作社，德國，丹麥，和瑞典的住宅合作社，許多歐洲國家窮苦農人的農業合作社，以及中國的合作事業協會等創始的情形。這種政府的幫助，節省了政府的金錢，因爲牠代替了政府的工作。慈善與掩飾的。當他結束之後，仍舊使受救濟者處于原樣的經濟情形下。但由於合作方法。却使人民走上了自助的道路。雖然合作事業在開始的時候如何貧窮，但產生了最好的結果，以計劃歸還政府的借款。

就一般而論，偉大的世界合作運動，爲略高於極貧階層的人民所建立。這些人民以他們微小的財政資源，有儲蓄的需要，有發動力與自信。他們建立了合作事業以增進他們的購買力，並且結果產生了比他們經濟上的儲蓄更爲重要的社會價值的副產品。

擁有生產與分配手段的消費合作事業造成了計劃經濟。計劃經濟曾被人們所誤解。祇有聰明的個人實行他。節儉家庭的預算顯示他。並且明智的團體基於計劃經濟而組織他的事業。但計劃經濟當國家來計劃的時候，就成爲危險了。在政府的贊助之下，經濟事務因政府的干涉而成爲混亂。這種干涉有一種累積的性質。因政府的功能加多，並且因權力交織的趨勢而成爲複雜，單一和集中管制的需要成爲日益明顯，藉使一切問題可由決議和有權力的手段而解決。功能和權力的許多衝突，最後引起了獨裁者的需要。有領導能力的個人，見到了自顯身手的機會。他不等被請，就跨入了這個隙口，並且發現了自己受到歡迎，並且立刻爲以前的領袖們之「黨」，「僚屬」，或政治團體所包圍。因爲他們看到命令建立了秩序與制度。這就是擴張中的政府之自然趨勢。

計劃經濟就是經濟的計劃。經濟事務的政治策劃促使他們到獨裁的領域，在這個領域內，個人自由，思想與行動自由，甚至於科學自由等，都陷於迫切的危險中。最後發生了軍權強制的國家，人民都被統制。

普通都認爲集權主義是危險的。此地人民又重新想到一種集權主義。但集權主義如同計劃經濟及社會化的保健一樣，可在沒有政治影響的經濟領域內見到。通常當提議到有社會意義之任何事情的時候，當人民爲全體的幸福而做一些事情的觀念提出的時候，心中首先想到用政治方法。這表示人民爲國家至上的觀念所困，並且缺乏了替他們自己辦事能力的自信。但集權主義並不一定需要有政治性。世上有許多非政治性的集權主義的實例。民主的希望並集權性質的，但不是政治性的集權主義。民主代表了人民集體的行動。集權主義的觀念需要提高到重要地位，他應該在社會計劃中佔有地位。

我要弄清楚我對於代表國家活動之政府的態度。政府建基於武力，此種武力，假設需在多數人之手而對於少數人使用。在理論上武力造成了多數人所需要的「法律與秩序」。看到大部份人民不能在自願的基礎上辦到他們和協的關係，政府的強制力就成爲必要了。政府是控制人的。況且因爲大部份人民沒有能力自願在他們自已之間處理生產和分配必需的商品和服務，強制性的政府就來辦理這幾種功能。這種政府的自然趨勢是日益擴大。政府辦了更多的事情，那末使他自已需要辦的事情也愈多。現今因各個人的沒有效率，政府就成爲必需。但是一種明智，有效率，以及合作社會的人民需要組織和計劃，他們却不需要政府。

政府所處的地位，權力很大。我們必需要承認和引導這種權力儘可能愈多愈好地推向和平與民主的道路上去。人類還沒有充份進化到無政府而能生活的境地，但不要讓人誤以爲必需就是美德。扶杖之對於殘弱病者，瘋人院之對於神精錯亂者，感化院之對於頑童，都是很需要的，但讓我們不需對於這些機構的優點頌揚得太高，亦不要對於他們希望得太大。他們並不是問題的解決。去矯正他們何以成爲必要的病態，才是根本辦法。消滅政府的造因，實爲未來的重大工作。

社會主義的影響

在歐洲，有一種造成國家擴張和國家稱霸的條件，並且因此阻礙了合作的計劃。大部份的勞動人民，自馬克斯（Marx）和俾斯麥（Bismark）的時代以來，都已受了一種頌揚擴張國家的宣傳。馬克斯教導了怨恨與暴動以及依賴國家的不可避免。俾斯麥則教導了後面的兩種。歐洲的勞動者與小資產階級以這種教導爲背景，早準備了國家社會主義與法西斯主義。勞動者受了「階級鬥爭」的鼓動。他們以爲這是工人與傭僱所有主（Enp!oyer Owrers）之間的戰爭。他們不明瞭這種情形的性質。他們不能得到製造者與工人之間利益相同的觀念。他們沒有知道製造者以可能的最低價格購買原料與人工，加以配合，並且以可能的最高價格出賣產品；而工人則以可能的最低價格購買衣食住，生產勞動力，並且以可能的最高價格予以出售；這兩種原價與兩種售價之間的差額就是利潤；而他們這兩種營業的利潤就是他們所追求的目標。一方賺得出售物品的利潤，而另一方則賺得出賣勞動力的利潤；每一方都可以聯合他的同行而增加他的利潤——一方組成製造者的協會而另一方組成職工聯合會。工人們沒有見到這兩種組織的共同點。曲解了「階級鬥爭」觀念的意義，因而就不能明白了解工人與製造者之間的關係。

這兩個大規模生產者團體的每一方，都向另一方購買產品。製造者購買工人們所生產的勞動力；工人們卻購買製造者的產品。這些產品之一方的高價，也就是另一方產品的高價。他們起落與共。在目前的經濟制度下，廠主與被僱者，實在是價格與利潤現象中的弟兄。

影響了工人一百年的教導使人誤解了勞動經濟。歐洲的工人們走上了錯誤的道路。以增加他們的收入為目的，他們的智慧驅使他們組成稱為職工聯合會的他們自已的生產者協會。他們又組織了消費合作事業以增加他們的購買力。但他們仍舊怨恨他們資本主義的雇主，最後以暴動為獲取權力的手段，以及委身於最終保護他們的國家等幾種意見。

這種國家主義的趨勢是歐洲的特色。在美國，勞動的人民實際上是仇視社會主義的。農人們明瞭他們的運銷合作社是資本主義的事業，並且在經濟上與製造者的協會相類似。

雖然有一種階級鬥爭，但這是工人們要逃出工人階級的鬥爭，並且是有閑階級要保持他們自已不做工人階級的鬥爭。

在歐洲，產業工人和農人都組織起來以銷售他們的產品。最初，工人合作式地組織起來以改善他們的購買力。這些工人對於建立歐洲的合作運動有很大的貢獻。但是在他們合作工作的後面，存在着一種可以替人民辦理一切事情之因襲的國家理想。歐洲這種重要的理想，幫助了含有怨恨，暴動，和國家主義性質的法西斯主義與納粹主義成為可能。馬克斯階級鬥爭的思想，被墨索里尼和希德勒用來作為建設他們國家社會主義的一種手段。

社會主義的哲學對於合作運動成爲確定的危險。社會主義者熱心推進合作。他們擁護合作社。但在社會主義者的心目中，最後解決經濟問題的還是國家。社會主義者認爲未來的社會主義化的國家是他們追求的目標，並且他們主張轉移合作事業入政府之手。不列顚與蘇格蘭批發合作社之社會主義的理事們，通過了一個決議案，要英國政府實行取得一切土地，礦藏，運輸，電話與電力供給，銀行業，保險業，醫藥事務，以及大規模的生產業。他們蔑視了合作方法已很明顯地在這些領域中的成就而通過了這些決議案。英國的社會主義者僅要留給合作事業以零售的分配業，以及相當於國內業務十分之一的某一數目的小規模生產事業。很明顯的，掌握十分之九的業務之社會主義國家，到了相當時候，其趨勢很自然地可以去取得其他的十分之一。自願的合作運動，這樣將被國家消耗一切的胃腸所吞沒。（註二）

社會主義者處於贊成合作事業之這種命運的立場上，堅持着國家就是合作組織，並且社會主義的國家就是合作運動的目的。這種主張是危險的。他威脅了經濟事務上自願主義的安全。

在俄國，社會主義統治的結果，社會主義者建立了一黨的制度。這是二十世紀特別的政治現象。由於列寧（Lenin）的說明，很好的表示了「俄國願意使他的政黨多到如人民所需要的程度，除非共產黨得勢而其他一切的政黨被拘禁」。墨索里尼與希德勒有了這個一黨制度的顯著實例來指導他們。他們應用了俄國所教導的中央集權的教訓。在法西斯的納粹國家內，實行殺害和監禁得勢黨的反對者，直到一切反對都被淸算爲止的這種事實，已成爲一種公認的範本。一個獨裁的領袖，自然爲這種懼怕和恐怖之反民主制度的產物。從此以後，一黨的觀念將被任何政治的獨裁者所採行以保障他的權力。這種現已傳佈到歐洲其他國家，日本，和南美的一黨政治的實施，對於民主的威脅，沒有其他政治力量比他再大了。這是世界對於資本主義不能公平供給人類需要所支付的代價。這現象必然發現在因資本主義制度的失敗而造成了國家主義的擴張之任何國家內。在一黨制度下，合作就被抑制，因爲合作是民主的方法。合作的敵人就是法西斯全能主義的提倡者。

在法國，季特（Charles Gide）講授合作經濟，並且要試將法國的合作運動與政治分離。戰前大部份歐洲國家的合作者之間，也發展着要與國家主義分離的同樣趨勢。在另一方面，有些國家却流行着傾向國家主義的趨勢。比利時有一種中立的合作運動，但與社會主義黨聯合的合作運動則範圍過之。英國在社會主義者領導下的合作社，擬於無論何時當一個社會主義的政府得勢的時候，轉移許多合作財產和業務到國家之手。然而對於合作獨立的信念，以及關於社會化國家的價值之看破，正在透入合作運動之內。美國的合作事業顯然爲政治中立的原則之主要代表。在世界改造時期，大部份歐洲國家的合作社都可能在這個方向移動。倘若比利時和英國的合作運動繼續他們政治的聯合，那末他們的合作事業決定要自願地被社會主義國家所吞沒了。

在這個戰後的改造時期內，必需要牢記這些事實。倘若人民要企業和私人所有權的自由，並且不要陷入引到國家主義與全能主義的社會主義的趨勢內，那末美國的合作事業能對商務及民主理想的實現給予幫助。這些僅可能保持在經濟範圍以內，而在政治以外的人民經濟改組之合作方法，可以來領導世界的改造。

在俄國已很明顯地說明了國家主義的性質，該國的情況供給了一些有幫助的教訓。社會主義已在那邊經歷了各種過程，並且他們要求達到一個完全民主的統治。已提給他們以集權主義的光榮爲理想的俄國羣衆，可以等待看到他們理想的實現。這可以由自願的非政治方法來完成。當社會主義消滅之後，人民應該準備改以合作方法來從事他們的經濟事務。

俄國能替世界完成的一種事務，從他對法西斯主義的戰爭而達到。當其他國家與反動力妥協並且滿足法西斯慕人的時候，俄國常常採取一種堅強的立場以對付反動及法西斯主義。在許多情形下，俄國表現了一種進步的態度，相形之下把其他大國置於高度的反動地位。在這些動盪的時候，以各國態度的不同爲有利益。這使在不同的政策間 選擇的可能。這件事必需牢記在心，就是大國的元首們，無論他們的努力看起來是好是壞，都關涉到他們人民的幸福，並且爲那種意想中的目標而工作。他們自己威權的加大，大部份有賴於人民的贊成和擁護。

俄國反對某幾種與民主矛盾的政策。俄國知道英美兩國努力保持發生下一次世界大戰的條件存在。俄國很明顯地單獨對抗西班牙內戰期間一個反民主運動，同時英國，美國，和法國，却擁護西班牙的法西斯統治。

西班牙內戰是第二次世界大戰的開始。這樣，俄國曾做了能夠防止這種災害的事情。俄國懷疑他自身是美國的強制軍訓無敵海軍及大常備軍的假想敵人。在俄國加入我們的同盟之前如此猖獗的鮑爾雪維克主義（Bolshevism），仍舊是一種潛伏的火。他可以在世界改組的蒸濾作用上自己燃燒出來。危險在乎戰後註定要光顧美國的經濟蕭條中。如同往常一樣，那時戰爭又將發生，以作爲掩蔽流行的經濟瓦解的屛障。在那時，俄國的集權制度也許可被俄國式的民主所完成。奇怪的事情也許可以發生。文化向前推進。如果民主要從社會化的政府產生出來，那祇有在社會主義已被醒覺的火焰燒蝕以後。這也許是世界在升上民主的高坡之前，一定要經過國家主義的崗巒起伏。

政府對合作事業的態度

合作社和一切別的營業一樣，受政府法令的拘束。因爲營業的主要目的在謀利，並且因爲大部份管制營業的法律都致力於贊助這種動機，所以政府的法律條文並不很適用於不謀利的合作營業方法。於是，爲了使合作事業有自由發展的可能，放任的辦法實屬必要。全世界開明的政府，已表示出取消對於合作事業的限制，並且爲了公衆普遍利益而贊助他們發展的一種趨勢。

英國在印度提倡信用合作社，以幫助人民擺脫債務。許多中美和南美的國家，政府設置了保護和提倡合作事業的機構。加拿大的各省也有這種機構。一九三二年，波蘭的教育部在學校兒童間組織了合作社以供應他們的需要。這種合作社那時共有三千五百個。法國曾有二千五百個以上的學校合作社。哥倫比亞，智利，阿根廷，菲列賓，中國，以及其他國家的元首，近年來都強調主張提倡合作事業以爲公共的需要。在美國，華萊士（Henry A. Wallacu）在他的事業的合作方法的主張中，特別加以暢論。（註三）其他閣員也繼起表示贊成。

美國政府建設了馬利蘭州（Maryland）的格陵培爾脫鎭（Greenbelt），那邊個人和私人企業，競爭着供給居民的消費需要。政府將管理權賦予一個合作組織，以表示人民如何經由他們自己的手以處理事務，並且組織他們自己的分配事業。該鎭的人民因此建立了合作事業。

關於偏佈全美之電力合作社的服務，羅斯福總統曾說（一九四三年一月十九日）：「這或許代表工商企業最民主形式之發展，在這一種形式內，個人因和他鄰人的合作，而發現他最大的利益」。（註四）

故總統羅斯福在合作救濟與改造會議（Conferenceon Cooperative Relief and Reconstruction）於一

九四四年一月十九日在華盛頓開會的會期中，會寫給合作協會的會長林肯（Mr. Lincoln）道：

創設眞正民主的羅虛戴爾原則的百年紀念，由國際合作改造委員會開會慶祝，實爲適當。創設近代合作事業之羅虛戴爾的織工，平衡了獨立與互助，自私與友善，以及行動與遠見。軸心侵略之損害救濟與復原問題之任何有效處置，必需基於同樣的考慮上。合作運動並不屬於某一國家，但已在一切民主人民的傳統上生了根，所以是用於這種工作之一種合適的方法。

我期望你們會議的成功，以及全世界合作組織對於行將到臨之和平時期的幫助。

被侵略國家內已建立了政府以替代納粹法西斯統治。最初，政府的形式大部份係由佔領的盟軍所決定，所以與流行的形式並無很大的區別。合作事業以及那些對提倡合作有興趣的人，應當要求軍事當局允許合作事業有以民主的合作方法展開實際行動的自由，並且讓一般人民經由他們自己的合作事業起來供給他們自己的需要。隨後，軍事管制緩和下來，人民就進行建立他們自己所需要的政府，希望這樣的政府會同情合作事業。在另一方面，當共產主義，或某種法西斯主義，或國家主義當權的地方，合作或許可能要失敗。這樣一種統治可以一直持續到顚覆或一直持續到演進成一些別的形式爲止。最初在這些國家內長成的任何形式的政體，都可視作大約是暫時性的，並且在競爭政府管理權的各種政黨之手，預定要遭受許多變革。純係經濟運動的合作不致於被政黨淘汰，牠祇是致力於供給人民需要的單純目的之一種經濟力。假定某一種政體存在，合作事業以保持政治的中立，爲最能適存。這樣可不致遭受到反對勢力的對敵，最低却可享受到任何暫時得勢的政黨的尊重。

改良家和政客都說「我們應該建立一個對合作表同情的政府」。合作同志則應該講「我們應該建立合作事業」。然而開明的政府，知道鼓勵人民甚至於幫助人民去利用合作方法，對其有利。

政府的贊助

第一次世界大戰結束之際，法國政府曾利用消費合作社以穩定物價和分配食物。法國的友誼社（Friends Societies）曾撥付款項以救濟朗西（Nanccy）的災民。經手散發這種款項的法國軍官，曾採用合作方法以替代慈善的或政治的方法。他們鼓勵人民利用這種款項建立了一所供給合作社。該社就由需要救濟的人民自己管理。當人民安定了正常生活之後，該社的業務就隨即擴張，分支機構倍增，不僅作爲一個供給需要的手段，並且進一步作爲共同工作的一個方法而普及全區。當這個朗西合作社（Cooperative Society of Nancy）經營批發業務，以及辦理許多零售店，麵包店，和其他活動之際，他已成爲全區許多大事業之一了。

第一次世界大戰之後，法國受災城市的建設，大部份係由合作事業所完成。各地市政府對於這些合作事業都很加善視而給以幫助。例如在里姆斯城（Rheims），據估計在總數壹萬肆仟所房屋中，祇有壹拾伍所未被毀壞。都由建設合作社（Societes Cooperatives de Reconstruction）完成了重建的工作。任何財產受戰害損失的主人都可以爲社員。一九二三年，這種合作事業在二千二百六十二社中共有社員一十六萬二千人。這些組織聯合組成三十五個聯合社，聯合社又聯合組成中央的全國聯合會，稱爲建設合作社聯合總會（Confedetation Generale des Societes Cooperatives de Reconstruction），該聯合會籌募建設借款，掌管工程與建築，估計戰災損失，並且參加向德國要求賠償的努力。

法國戰區有四千八百零八個城市和村莊，其中一千零三十個差不多完全被毀，其餘的也受到嚴重損失。在曼恩省（Marne）這個區域內，於二百六十八個村市中，建設合作社重建了二百五十八個。大約法國戰區有百分之二十七的修繕以及百分之五十八的新建設，都係建設合作社所做。在有幾個區域中，一切新建設的百分之七十六之鉅，都係建設合作社所做成。

這種工作做得如此有效，所以解放區總長（Minister of Liberated Regions）泰求氏（Tardieu）曾向參院說：「當合作的計劃有代替國家努力機關的每一個時候　我們使他們有一切可能的便利。」黎拜爾氏（M. Riebel）向參院報告說：「節省時間和金錢，是以合作社辦理建設事務的結果。」（註五）

第一次世界大戰之後，意大利政府將蔬菜與肉類的分配，交與消費合作社之手。荷蘭政府（Government of Netherlands）以荷蘭的合作事業去與獨佔和投機對抗，以及分配服裝和食物。瑞典政府在第二次世界大戰中，以瑞典合作協會去平定物價和管理物品的輸入，以及將這些物品分配給合作社和其他事業。

美國政府對於提倡這種非政治性的營業方式已做得很多。政府制定了對合作事業的組織及管理上有幫助的統一指導。（註六）在聯邦信用合作社法（Federal Credit Union Law）之下，對合作銀行的提倡，使政府很深入地參與了民間的信用問題。農村電化管理局（Rural Electrification Admini tration）在農村社會中幫助成立電力合作社。不計公用事業公司（Public Utility corporation）的反對，泰納西河流域管理局（Tennessee Valley Authority）為了居民的利益，在廣大區域內提倡了合作社和電力供給。

一九三二年到一九三五年之間，美國政府在失業者之間組織自助的合作事業所獲得的經驗，可以應用到戰後需要救濟的人民上。這種經驗證明分配給失業者的金錢，合資而集合成一個團體來使用，比較受救濟的個人得到幫助或作給之後，各走各路，來得更好和更進一步。這些窮人因組織合作事業而發現了他們自己的管理能力。他們使已關閉的工廠開業，並且用了已拋棄的原料使機器的輪子轉動。他們取得土地而合作耕種和合作收穫。他們生產食物。他們製造服裝，皮鞋，和傢俱。他們製造罐頭肉類和罐頭蔬菜。他們分配物品給他們自己。他們辦得愈多，經驗愈富，需要獲得的救濟金也愈少。他們學會了自助與自信。可能世界上其他各地的窮人也能同樣辦到。

世界大戰以前，歐洲各地除商品合作社以外，還有衛生合作社（Cooperative Health Societies），療養院，和兒童家庭（Children's Home）。在世界改造時期這些都應有用。合作銀行業已經展開，並且已很普遍地應用了合作方法。人民銀行和信用合作社，早已訓練了歐洲人民從重利盤剝的信用負擔下解放出來。在戰爭初起的時候，歐洲有六萬所這種銀行。經由這些合作事業，人民替他們自己做了那些在沒有合作事業的時候，政府所要替他們辦的事情。

能夠獲得存在的政府以及戰後成立的政府，就大體講，對於合作事業都表示出很大的興趣。以美國政府所擁有的威望，對於爲該政府所贊成的方法，應該喚起同情的考慮。如同美國這樣一個國家的例子，以高度保守出名，提倡合作，應進而替其他各國樹立模範。依照人口的比例，其他各國的政府已做得很多，但沒有一個政府對於提倡事業的合作方法做得如美國政府所做得那麼多。這個政府素來特別致力於保存私人營業和自由競爭。甚至於在過去十年間所展開的社會主義的潮流，也對於這種保守主義感到興趣。無論被侵略國家內成立的政府是如何性質，我們都希望那些政府很同情地傾向於使人民更加自信，以及注意減少國家負担的方法。

（註一）參閱本書著者所著一九三九年出版之「合作經濟與世界和平」（Cooperation a Way of Peace）一書中「合作，勞工，與穩定」（Cooperation Labor, and Stability）一章第五十一頁。

（註二）見本書著者在一九四三年五月份之國際合作評論（Review of International Cooperation）中

所作「合作事業被國家併吞」（Cooperatives to be Absorbed by the State）一文。

（註三）見華萊士所著「合作爲未來之主要經濟觀念」（Cooperation the Dominant Economic Idea of the Future）一書，一九三六年美國合作協會出版。

（註四）見紐約時報（New York Times）

（註五）見美國勞工部出版之一九四三年八月份勞工評論月報（Monthly Labor Review）中泰雷希坦哥氏（V. J. Tereshtenko）所作之一文。

（註六）勞工部發行了「美國消費合作」（Consumer Cooperation in the United States）、「消費合作事業之組織與經營」（The Organization and Management of Consumer Cooperatives）、「住宅合作之組織與經營」（Organization and Management of Cooperative Housing Association）、以及美國的學生合作事業」（Student Cooperatives in the United States）等小冊子。內務部的教育處，有一種關於學生合作的小冊子，稱爲「大學對於學生的幫助計劃」（College Projects for Aiding Students）。農業部出版了「食物冷藏庫——一種新興的合作服務」（Refrigerated Food Lockers－A New Cooperative Service）、「農民合作事業的經營」（Managing Farmers' Cooperatives）、「農業信用合作」（Farm Credit Unions）、以及「衡量你的合作事業」（Sizing Up Your Cooperative）等小冊子。美國政府對於消費合作，發行了一套總名爲「合作叢刊」（Cooperative Bookshelf）之六十四種出版物。商務部出版了「消費合作社」（Consumer's Cooperative Societies）、「合作醫藥問題」（The Problems of Cooperative Medicine）等。美國政府於一九三七年出版了「對於歐洲合作事業

的研究」（An Inguiry on Cooperative Enteprise in Europe）一書，共有三二一頁。這是一九三六年美國大總統派往歐洲研究這個問題的一個委員會所作的報告。

第四章　情況的演變

重建世界

「我如何去獲得一些食物？」是歐洲數千百萬人——以及亞洲更多的人——之重大問題。對於農人，食物的問題最不嚴重。第一次大戰之後，他們的兒童對於營養不足，佝僂病，和肺癆病等的象徵，表現得最少。生產其他一切生命所依賴的食物之那些人民，最接近生計的資源，並且他們所生產的一部份應該留給他們自己。其餘的人民由於一切促進生產與分配食物的方法而獲益。他們將很聰明地在農人的興盛中得到利益。農民的經濟解放對於永久的改造頗爲重要。

在美國，單獨經營的農民時代足將結束。以大資本而經營之企業的，資本主義的農業，將踏着個人主義的老路，並且將與其他營利事業一同衰敗，除非有社會主義的農業或合作來代替。美國這些形式的農業將暫時繼續並存，在歐洲，農業的社會化已很穩定地在發展。最近將來的變遷是向着農田國有的趨勢。除非美國的農人利用合作方法，否則他們農田的國有就將來臨。祇有合作方法能够改變這種結果。除非美國的農人改以合作爲他事業的重要方法，不然在另一代，他將向國家租用他所耕種的土地，或者他將被國家僱用在國有農田上工作。（註一）

歐洲農業的希望很明顯地在合作農業上。誰將有土地的權利尙未決定。這將是個人呢，國家呢，或是合作社呢？但這種土地如何能最好地耕種和收穫，却是不再有問題的。合作方法因必要而正在來臨。他證實能給予農人以最好的結果。

在俄國，政府擁有一切土地，將土地租給農人，而農人則組成集體耕種的農業團體。這不是合作農業，他也不應稱爲合作農業。他的組織與管理是政治性的。至於講到生產力，俄國的集產主義生產得比個人主義的老方法還要多。不過集產主義可以是自願和合作性的，也可以是政治性的。

在受戰禍的國家內，農人的生產和運銷合作事業，雖然經歷戰禍，但仍舊比消費合作事業受到更少的干涉而存在。這或許因爲他們係生產分配對政府很重要的食物之故，也因爲他們對於民主，比較消費合作事業不重要的緣故。對於這個題目，國際勞工局談到歐洲的農民合作事業時說：「他們無可代替之主要原因是，不論有無戰爭，他們差不多沒有地方可以省去。……即使不是每一個地方受重視，實際上每一個地方他們都被保存。的確，差不多最近收到的資料，都提到許多這種合作社以及他們的社員。所以可以下結論爲當情形恢復常態，這種合作團體會立刻準備恢復他們的工作。……在任和復員和改造的計劃內，這種合作機構將要佔有一個大地位。由于直接經濟關係的擴大，他的效力將進一步增加，這種關係在戰前已爲運銷合作與消費合作所共同促進。」（註二）

在一切蕭條的國家內，當農民合作地聯合他們的力量，農業就將發展得最好。合作地擁有曳引機和其他耕，種，收穫，以及加工的大機械，已很長久地過了實驗時期。在獲得肥料，種子，燃料和飼料上，豐富的經驗證明了合作方法的優越性。還在土地產品的運銷上也同樣真實。要復甦的國家，應該在開始就採用合作方法。

例如，假如考慮一下波蘭的情形，那邊有八百萬以上移殖的人民。他們大部分會散佈在整個德國，俄國，以及鄰近的各國。他們貧乏地回到波蘭。他們發見破敗與荒涼——他們的家庭被毀，他們的倉廩和建築已被燒掉或拆毀，並且他們的土地已受腐蝕的野草與鄰人的鮮血和身體施過肥，合作對這些人民貢獻出實際的方法。他們仍舊擁有財富的兩種資源——勞動力和組織力。以這兩種資源，他們就能建立較好的生活。

東歐的鄉民相互間彼此認爲是同樣的人類，都有許多同樣的問題，並且知道他們應共同向前進行。他們不使生產者與消費者的機能相分離。他們合作式地共同購買與共同銷售，僅想到需要從事幫助他們生存和繁榮的大問題。在另一方面，美國的農民被或大或小的農業興盛和失敗所包圍，並且由於利益的衝突，分解他們的經濟，將消費者的機能與生產者的機能分離，並建立了兩個有組織的階級。美國的方法也許更有系統，但歐洲的方法却使人民更合作地聯合在一起；因爲，在他們貧困的絕望中，他們僅想到人類的需要。他們不僅共同購買與出售，他們還一起跳舞和同赴教堂。

這種關係是很古老的。他一直可追溯到原始時代。合作精神表示出歐洲農民的特性。這些人民有一種遺傳的合作能力。因這種理由，他們對於合作教育的態度與美國不同。我們在美國從事合作教育，爲了要將已被競爭觀念所代替的原始合作觀念仍舊注入我們人民的心中。這些歐洲的農人却僅從事一點合作教育。他們好像不用合作教育來了解合作。他們有這許多經驗，使得昨日的成就成爲明日的起點。

貧窮的長期經驗使得人民在人類的理性上聯繫在一起。合作方法很自然地爲這些人民來解決經濟問題，並且在解決道德問題上也很十分需要。在另一方面，戰爭的災害之一就是希望和信任的喪失。戰爭的痛苦年代，使得人民彼此間失去信任。他們以不信任他人來保護他們自己。懷疑與缺乏信任瀰漫空間。鄰人恐懼鄰人。這都因爲納粹主義認爲武力就是主要的美德；誠實，正義，與仁慈的老標準已經陳腐；一個人以同情對待他人就是「愚人」等而來。父親猜忌兒子，兒子猜忌父母。對於奸詐的報答流行着。這種主義居然能混入兩大民族的國民性，倘若不是神祕，就是時代的悲劇。

在全能國家內祇許有一個政黨。獨裁領袖能清一切反對。這種肅清工作係以下述的目光所做成，就是當損害加諸他人的時候，應十分澈底，使無需再怕報復。

認爲誠實，眞理、正義，與仁愛，在有武力還較大的道德存在時，使無價値的納粹主義，已破壞了德國青年的心理。這些青年在年幼而意志薄弱的時候，被教導去絕對服從國家社會主義的國家（National Socialist State），以及服從成爲這種國家之自然附屬物的一個領袖。對於領袖不加思考的服從，以及對於國家不合理的信仰，產生了心理不正確的下一代。這些喪失個性的可憐動物，是一種從精神神經病的病源所傳給他們的疾病之不幸犧牲者。他們應與疾病得到同樣的注意。教育是醫治他們紊亂心理的必要處置。

德國人需要授以民主。但要讓教師們帶着純潔的態度而來。並不是每一國家都能派遣這種教育納粹心理的教師。德人不僅需要授以民主，並且他們還需要防止準備另一次世界大戰以妨礙民主。其他的國家也這樣做。反對這種計劃的措施，將爲以幫助德國準備戰爭獲利之同樣的生意利益，世界改造的力量必需致力於這些問題。這僅能以整個世界所困惱的同情態度與實行而順利完成。

未爲法西斯納粹主義所感染到的一部份意人和德人，都浸染在恐懼和懷疑之中。他們需要讓他們在光明中和正常的人類接觸，並且使他們明瞭理性和仁愛的世界未曾一律消滅。沒有一件東西來醫治這種社會紊亂，可和合作同樣地如此有效。使這些人民以羅盧戲兩方法一起共同工作。使他們知道，由於合作方法他們既不能取得任何他人的利益而獲利，而任何他人亦不能取得他們的利益而獲利。在經驗中將重復獲得互助的實際教訓。他們的怨恨和懷疑，將於合作的實驗中消失，而希望卻將在他們的個性中重行凝結。

這些人民中有許多是聰明的。對於政府他們已有了經驗，他們知道政府使他們麻煩。當政府再行來臨，供給他們安全以代替自由的時候，他們也許要拒絕這種供給。歐洲的鄉民發現他們自己遭受了一種稱爲貧窮的病症。他們要求好轉。他們要獲得好東西。戰後忙碌的時間 就是他們開拓的日子。他們準備新的事物和新的嘗試。對於事物的需要以及去得到事物的機會，甚至於使得卑怯的人成爲勇敢。人民能够證明大事業從小機會開始。

此地所述關於歐洲農民階級的情形，可以很廣泛地應用到其他階級。一切人民都已從農民階級下降，而一切又都是要回復到那個階級的候補者。世界現在正在決定究竟將向那一方前進。也能朝着民主與穩定的方向走，或是向着全能主義與第三次世界大戰走。現在我們正處於喪失我們民主社會整個基礎的危險中。這種基礎也許會消失，並且留給我們以與法西斯主義或一些其他形式的獨裁國家主義而俱來的混亂。但現在震盪世界的劇變，已使我們走到了叉路口，在這個分歧點上，人民有向一個絕對新穎的方向前進的機會。

世界曾經有一定的形式。這種形式已受破壞。現在存在着一種情形不同的事物。戰爭和他的附屬物已擾亂了社會的組織。在這種擾亂情形的存在下，可以試用新的、擴張的，有彈性的，以及未被開發的方法。

人民似乎知道歷史車輪轉動的方向，但他們却懷抱了一種信仰，認爲他們一定要接受這個方向，否則就要被壓碎在他的輪下。需要一種新的信仰促使他們升上車輪，並且驅使他們達到他們所需要的指定目標。

世界的安全

這一代的我們處於一個特別的境地。雖然我們也許不能够想得比較好，但我們有比任何以往的幾代有更多的學識。學習不是無用的。我們站在一個已積聚了一切時期的學識之時代頂端。我們意識到這種財富的價值。我們現在知道如此多的歷史，如此多的災害的原因，並且如此聰明地討論着這些事實，以致未來的新的前途希望可加以計劃。人不僅知道關於危險，關於他可以造成的錯誤，並且他還加以防護。他不僅知道過去的錯誤，並且還克服他們的阻礙。危險中的文化明瞭他的危急。定命論的忍耐時日已不需要再多。古希臘雄辯家第茅斯謝尼斯氏（Demosthenes）的主張，最後希望產生結果：「他們不應爲了要知道應採取什麼方法而等候結果，但是他們已經採用的方法應該產生結果。」在思想界有許多領袖準備依照這種古老的訓示而行動。

這種有勢力的領導，能够在兩個重要階級上發生影響嗎？第一個階級包括世界上的事業和政治的領袖。這些是佔據了指揮地位的人。他們作種種影響歷史行程和數百萬生命的決定。他們是造成大規模獨占事業的工業首領。他們是控制信用的銀行家。他們是首相，總統，和外交家。這些人民造成了表示出這個工業時代之特性的各種錯誤，而這個工業時代產生了爲一切時代中最恐怖的戰爭。在他們之間又劃分爲數類以尋求促進各種不同的特別利益。對世上一切人民是最好的事情，却並不容易和他們的觀念和計劃相一致。他們接近最靈的消息和聰明的頭腦。但世界的命運却並沒有被聰明人所決定。他被有勢力的人決定得太多。智慧的影響則表現得太少。

需要以威脅他們的危險，以及避免危險的方法來影響他們的第二個階級，就是大多數不發言的大衆。他們大吼表示贊成，以及咆哮表示反對，但常常這兩種聲音嘈雜混亂。他們大部份由本能和私利所支配，至於有權勢的人，則由權力、特權、以及甚至於統治世界的計劃與陰謀所支配。

要使這兩個階級了解什麼是最後對全體最爲有利，是那些已經審度世界的錯誤，知道如何避免錯誤，了解和平與富足的辦法者之工作。這就有關於學識知慧，和社會工程了。

在這方面，美國的人民預定要担任一個比他們所認識的更爲重要的部份。這個國家在世界事務上佔據了一個特別的地位。這是一個與其餘的世界隔離的國家。他包括不到全世界百分之七的人口，但是這百分之七的人口，却差不多擁有了全世界全部汽車的四分之三。他們有全世界電話機的百分之五十，無線電收音機的百分之四十五，以及百分之三十五的鐵路里程。戰前的這一年，他們消費了全世界石油產量的百分之五十九，絲綢的百分之五十六，百分之五十三的咖啡，以及百分之五十的橡皮。各工業國家所生產的製造品，差不多有半數爲美國所製。就因這種龐大的生產力而決定了戰爭的結果。這些就是賦予這個國家以領導地位之財富與資源的標記。雖然將這種領導置之不論，美國仍舊有關係世界改造任務的各種條件。

這個國家，因他的財富，生產能力，軍事力量，以及道德的領導，現在是戰爭混亂之後改組世事之優越的國家。但是一切非全能的主要國家中，美國的人民最少關心其他國家的事務，並且也最不需要他們的國家成爲國際性之世界組織的一部份。美國人民在志趣上是孤立主義者。這是因爲這個國家的非常自足，以及因爲過去的兩次世界大戰，大部份都發端於其他國家間的陰謀之故。這個國家的人民，寧願讓其他較不快樂的國家，以他們的怨恨，他們的嫉妒，以及他們的爭論去處理他們自己的事務。在這種孤立主義的態度之下，當她的領袖，她的人民對於世界問題或世界領導尚未自適的時候，美國却發現了他自己已處於世界領導的地位 。他們覺得他們自己的國內事務才是他們的問題——並且是足够了的問題。但這些人民被鐵面無私的環境驅使去做一樁工作，這種工作從國際政治實務的立場而論，他們是不適合的，或許他們的天眞可以說明何以他們可以比有「國際意識」（International-Minded）的人民成就得更好。至少，無論他們喜歡與不喜歡、世界改造將是他們的工作。無可逃避。

在這一切的後面，有一種正在增長的國家主義的精神。美國的這種國家主義是獨特的。他發育於對其他國家缺點的認識。他的生長則受了「美國生活方式」的驕傲所營養。但美國的經濟有許多壞缺點。現在受其他國家的弱點供給了滋養料。這些弱點都被戰爭所顯示。美國的人民明瞭其他國家和政治制度的崩潰，以及其他人民之間的種族怨恨。曾經一度屬於意大利藝術的光榮，被意大利的貧窮和政治動蕩所阻遏。對於德國科學的尊重，被德國的殘忍所蒙蔽。曾經一度從新的俄羅斯所照耀出來的希望、在俄國的獨裁政體內消失。曾經一度爲英國所享受的領袖地位，在知道英國不能養活其人民，在反對英國帝國主義，并且在靜靜地不喜歡英國的優越感之中消滅。因與其他國家的密切接觸而傳給了美國士兵以思家病。「要認識其他國家的人民，就要去愛他們」的這種古老思想，已在戰爭的鎔爐中焚燬。戰爭顯示了各國人民的强點與弱點。他們的弱點對于想家的美國人最爲觸目。他攜帶了一種新而讚美的國家主義回國。

然而，有一種力量在活動，能夠給予美國人民對于其他各地人民有同情的興趣，并且希望看到他們與美國自已同樣改善。在其他國家的人民間，以及在美國的人民間能夠提倡一種生活方式，減低國際間的怨恨，并且能夠鼓勵人民間的和協。這一種對一切國家和種族都適合的方法，能夠在他們間發揚那種在家庭內，宗族內，以及社會內所固有的友愛精神。

這種友愛精神的基礎，寄存于興趣相同的共同領域內。我的意思是指在那種領域內，人民獲得他們的生活，以及他們所需要的東西。友愛和仁慈都是高尚的情操，但是他們也是世俗人類的特性，這種人類係由麵包與洋芋所造成，以衣服保護，而聚合在房屋之內。他們普遍的興趣在衣食住。和協地共同從事于獲得這些東西的方法，就是對于重大的國際問題的答覆。這種答覆在乎每一家的人能幫助其他家庭的人，每一社會的人能幫助其他社會的人，以及每一國家的人能幫助其他國家的人的各種手段。在這種簡單而家常需要的互助中，產生出生活改善的種子。這種相互了解正在發展。

例如，羅馬尼亞與保加利亞的人民，被他們政府所建立的一種國際壁壘所分開，但這兩個國家的全國性合作事業，却訂約交換某幾種一國生產得過多，而另一國所需要的商品。這是很平常，但在國際商業中，經營這種業務而不以相互剝削經濟利潤爲目的，却是不平常的。這是友誼的交換，以建築友誼，并且使這些人民更密切地聯繫在一起。

第一次世界大戰開始的時候，英國的各合作社以財政上的幫助送給奧地利合作事業。戰後英國批發合作社，對法國和比利時災區的各合作社，贈予了一萬五千英鎊，并且貸與一筆龐大的數目。他送給羅馬尼亞的合作事業以價值三十萬英鎊的食物和衣着；送給波蘭合作事業的則值拾萬英鎊，并且給予比利時合作事業以一個相同的數目；給予西伯利亞合作事業的則值二萬英鎊；并且給予捷克斯洛伐克與亞美尼亞合作事業的則值拾萬英鎊。在另一場合，當英國同一的合作事業，輸送六萬袋的一船食料到都白林港（Dublin），以喂養三萬家庭之飢餓工人的時候，在這兩個國家間，顯示出一種休戚相關的結合。倘若英格蘭與愛爾蘭之間，合作事業已成爲流行方法的話，那末對這兩個國家已爲患一百年以上的衝突，一定可以避免了。

英國的合作事業籌募了一百萬英鎊以上的款項，以給予被侵略國家。他們派遣了合作幹部人員的代表團，去幫助他們改組他們的事業。其他國家的各合作社也在做同樣的工作。在美國，合作事業發表了許多消息，以籌募同一目的之自由基金。

注意到其他國家以內同樣事業的合作事業組織，在國際經濟事務上，代表了一種不同的精神。後面有一章將討論許多國家的合作事業間所進行的國際商業，以及國際合作聯合會的商業。他們說明合作促進和平的力量，以及對于國際友誼和了解的可能性。他們代表成功的世界改造之重要條件。

世界復興工作，必需要充滿自助的原則，倘若復興不盡爲救濟的話。在這個危急的時候，許多良好人民的心中都擴大了慈善的意識。他們要想做一些事情以緩和痛苦。這對于文化預卜有良好的結果。但慈善有兩種——理智的和感情的。被受過教育的理智所支配之一顆充滿仁慈的心，能够產生奇異的效果。在另一方面，開始和終結都渴望幫助他人之溫和的仁慈，也許祇幫助了仁慈的人而沒有幫助到他人。倘促地將東西置于窮人的手上，可以阻礙窮人用他們自己的手去獲得東西。我們決不要忽略人都很自然地趨向以可能最少的努力來滿足他的慾望。這是一種自然的定律。仁慈可以配合了這種定律而應用到懶惰的羣衆中。慈善需要注意，否則將妨礙在自助範圍內之建設性的活動。

合作制度稱慈善作用爲犯罪精神的安慰物。慈善容易使他人貧窮。當其他人民的貧窮程度改善之後，富裕的人就能更舒適地享受他的富裕。甚至于雖然他們的恩澤對于窮人沒有好處，但恩澤的態度給予了慈善者做好事的意識——也就是爲好人的意識。這是符合所謂「金科玉律」的。將「慈善」的名辭改變爲「社會服務」，並沒有改變服務的性質。需要社會服務的人民就是生活困難的人。對他們做好的事情，甚至于以開明的方式，指示他們如何去獲得工作，并且幫助他們保持這工作而成爲自尊，就是宣布了使人民失去工作和自尊的基本條件的存在。這些基本條件是貧窮，缺乏，以及使在慈善和社會服務上所使用的富裕，成爲可能的失調。貧窮之爲造成財富過剩條件的產品，實太爲平常，而這種過剩財富的一小部份，則分配到貧窮的改善上。救濟被刼掠者以佈施，是古羅馬人「麵包與競技」（Bread and circuses）之現今的代替品。

恩惠與慈善値得稱頌，并且在目前盛行的災禍中頗爲需要。不過他們僅對于除出仁慈與慈善之外無能爲力的人方才如此。現在世界正需要有建設性的智慧。思想健全者的工作，在乎消滅生活困難的原因。很少富裕者在基本問題上，願意應用他們的思想和精神，如果他們發現這種應用行將取消他們的特權。很少人願意看貧窮的流行，如果這種流行要剝奪他們減輕痛苦之機會。銀行協會的主席當慈善觀念突發的時候呼喊道：「我們能給窮人什麼呢？」于是發生了快樂的思想，「讓我們給三個歡呼罷，」這題目立刻就被啓發。

人民大衆，團體，組織，以及整個國家，現在正在思想這個問題。他們更進一步，他們要希望世界上消滅貧窮。他們要使生活困難的人提高到享受一切人類都可能享受的東西。這是一種誠懇的仁慈。但這種仁慈究有多少發自衷心而進入腦際。除非他轉變爲影響社會情形的活動。從他所發生的，止於情感而已。以爲由現實環境而獲利的個人，團體，和國家，都處於行仁慈的地位。除出消滅苦難的原因之外，他們願意對苦難做一切事情。

在世界的重建中，在不造成此貧彼富之經濟制度的擴張過程上，有了這種因循牽延的阻礙。個人與國家必需要想到博愛，仁慈，和租借等觀念以上的事情。他們必需要放棄一些他們所實在喜歡保有的東西。他們必需辦理可以消滅需要仁慈的事情。當他們準備在這些事情上思考和舉動的時候，我們將看到一個人類可以安居的世界。

公平的開端

現在的環境充滿了懲罰報復的精神。戰爭的殘酷産生了不合理的怨恨。苦難刺激人去將苦難還給造成苦難的人。復仇減損世界改造所需要的努力。當世界急迫需要改造的時候，看到人民移轉他們的思想與行動到復仇上，實在很為可悲。復仇是浪費的，擾亂的，并且是破壞的。這是世界上所最需要的一切東西的反面。建設和改造需要一切的努力。不應該被重演戰爭特性的殘酷來分散精力。倘若意大利人會刼掠過希臘，并且誹謗過希臘人對于民主的興趣，希臘如耗費精力使意大利人同樣受苦，這對希臘人並沒有什麼利益。希臘精力之最好用途在重建希臘。在復蘇的，復原的，興盛的，以及快樂的希臘所盛開的民主之花的實例，對于打擊這個快樂國家的法西斯領袖就是一種懲罰。倘若我們替希德勒所磨難過的猶太人難過，磨難希德勒的走狗並不能減輕這些可憐人的苦難。對於我們很好地對待猶太人，避免種族的歧視，幫助他們建立一個他們自己的家園，在這個家園內，他們實施民主，并且被世界上其他人民所尊重，這就是對希德勒走狗的懲罰，并且在同時，這將代表對于猶太人建設性的成就。

寬恕並不是指冒犯者受獎或其冒犯被遺忘之意。賠償損傷和防止再冒犯，實為對於寬恕的重要條件。我們應要求冒犯者儘可能地去補償他所造成的傷害。對於社會有危險的人，必需要剝奪他們造成更多災害的力量。對於世界，民主的人民應確信做壞事不是獲得快樂的方法。使他人受苦和委曲是不值得的這種教訓，命意頗為中肯。最後苦難會反射到冒犯者自身。寬恕是復仇的反面。寬恕在寬恕者是好意。復仇造成報復的災害。仇恨是正義的障礙。

好意和寬恕的精神應該在某些地方開始。這是一個國家自別於他國的機會。讓一些富庶的國家，例如參加戰爭，并且他的子孫受了苦難而在戰場上和俘虜營中死去的美國，產生仁慈的實例。讓他放棄一切摒復仇的計劃。僅讓他贊成和實行建設性的手段。

當世界已有了一些智慧，和很多機巧的時候，他還需要有更多的慷慨。在戰爭的歷史上，現在已到了放棄以殘忍報復殘忍的時候。美國爲能夠給予寬恕的主要國家，但並不忘却他所遭受過的侵害。美國自己並非沒有罪惡。美國在戰後的改造範圍內可以做另外的事情；他也許可以停止以他人的不幸來得利的露骨活動。現在正在計劃開發貧弱國家的商業。要從他們的需要上謀利。因利潤的目的，「善鄰」觀念要擴張到可能成爲顧客的一切國家。許多地方都期望有龐大的產量。假定我們不注意可從他們獲利多少的觀念，並且不以這些人民爲顧客。假定我們以他們爲患難中的鄰人，正如我們的曾祖父母當疾病侵襲他們鄰居的時候，想到他們的鄰人一樣。我們的這些祖先並不拿些東西去向他們出售；他們去給予援助；並且當他們自己處於患難中時，他們的鄰人亦來向他們援手。

去表示本份的好意，無限制地去補償戰爭的損害，並且與受災難的國家建立一種關係，並不計劃他們對於商業目的地開發，但作計劃什麼是對他們的好意。這是對於有些國家一個重大的機會。美國力能這樣做；倘若他真的這樣做，最後他將獲得不可形容與不可預計的利益。

祇能在我們不注意資本化的不幸觀念的時候，很實際地想到這種態度。商業是爲服務而經營，當我們置我們國內事務在這樣一個秩序上，並以同樣態度處理國際貿易，然後我們方能在這種友誼的方法上思想和行動。如果我們不這樣做，我們對於利益的搜尋，將加速對於其他人民的剝削；並且和過去一樣，對於他們剝削的競爭，會招致其他的戰爭。

斯邦格勒（Oswald Spengler）堅持西方文化的低落已在進行，並且最後將至崩潰的境地。當他寫他的西方的衰落（Decline of the West）的時候，這或許是可信的，但現在人民已知道衰落的原因而加以提防。第一次世界大戰以後，僅僅小數過激份子會說資本家制度的黃金時期已成過去。現在資本家都承認這一點。那時英國的駐美大使傑資斯爵士（Sir Auckland Geddes），在華盛頓的一次演說中申稱：

「在歐洲，我們知道一個時代正在死去。在這個國家內，也許容易忽略未來的改變徵兆，但我並不懷疑他將要來到。」現在是我們對於我們未來的命運作投機的時候，除非我們改變方針。對於一切人民採取一種仁慈，友誼和正義的態度，也許有助於自救，繼續我們的老方法，必將不能拯救。

改造應指世界改造而言。僅注意到改造全世界的一小部份，而遺下全世界的大部份不改造，就不能稱謂改造。這當大部份世界急需對舊正義有所改變時特別眞實。現在因運輸和交通迅速的結果，世界已變成如此狹小，以致於有限制的民主不再可能。一切人民現在都是鄰人。倘若鄰近的國家流行獨裁的話，任何地方的民主將等於零。現在民主在這個狹小的世界內應該沒有限制。

經濟繁榮也同樣眞實。繁榮不能限定於少數人。世界上一部份的繁榮，與另一部份的貧窮不相稱。繼續帝國主義的，剝削別國的以及在有些地方奴役勞工的一些老方法，以爲這些不民主的情形有助於其他國家的繁榮，却造成了災害。沒有一個繁榮世界的計劃值得考慮，除非他造成一切國家的繁榮與和平。保持一國的馴服與貧窮，因而促成另一國的自由與繁榮之古老的帝國主義觀念，已不能再獲得重要考慮了。

在這個地球上的二十億人民中，不到三分之一是白色的，三分之二以上是有色的。如同希德勒的德國人一樣，白種人看他們自己是上等階級。這沒有顧到他們的許多道德、文化、哲學、以及宗教來自有色人種的事實。以爲他們自己是優等的白種人，沒有停止宣揚他們的卓越。他們對待有色人種不僅不公平，並且也不仁慈。白種人採用侮辱，貶抑，以及經濟的欺騙，來表示他們的優越。在其他人民的眼中，他所採用的這些方法常常表示出他的卑劣。在美國，他們的祖先被違反意志而殘忍地帶到這邊來的一千二百萬黑人，被分離和馴服在一種無可言容的侮辱下。

在一香港公園內狗與華人禁止入內的英國牌子，對於許多有教養的中國紳士甚於侮辱，他侮辱了一個有謙讓的，忍耐，和智慧的大度人民之幾個國家。剝削和壓低有色勞工的工資；奴役男人，女人，和小孩；數百萬農奴的生活——一切造成白色人種的富裕——交織成歷史結構的黑暗時代。

這種代價日後一定要償付。在緬甸，馬來國家，再下來到新加，當數百萬的本地人民不幫助英國人反抗日本侵略者而幫助日本人，並且以悲慘的驅逐幫助打敗英國人的時候，已支付了這種代價。有色人種都發現了共同的理由。

東方的中國，印度和日本等三個大國間，數百年以來沒有戰爭。正如我們協助墨索里尼和希德勒一樣，西方的白種國家在日本幫助了軍人集團的興起。這些東方人民現在準備以他們從西方所學得的軍國主義的教訓而前進。在他們來到西方的保護下之前，他們在美術的和藝術的許多優良材料生產上超過我們。現在我們已告訴他們如何應在戰爭的方法上超過我們。在西方的一切盲目行爲中，我們不明白和輕視東方的能力，要算作最浪費的事情。

日本的工業化已經來到。我們已知道他能做什麼。印度和中國這兩個安靜的大國的工業化也正在來臨。大英帝國的最大鋼鐵廠已不在英格蘭而在印度。大規模的大泰（Tata）鋼鐵工廠，則被印度人所投資，佔有，和控制。所有權，管理，和勞工之間的關係，比諸菲爾（Sheffield）或勞茨堡(Pittsburgh)的爲好。這是成功的事業。非洲的比屬剛果區域（Belgion Congo section)和南非　，正在成爲工業化，在他的發展上，本地的能力表現出他的重要性。

曾經一度有色人種的死亡率，超過白種人。但這種死亡率現在正在低落，並且可能還有重大的變動。有色人種生育的比例較快，同時白種的生育比例則較慢。可能在再有兩代之內，有色人種對於白種的比率將成五比一。如同西方曾經所做的一樣，當這些無數的有色人種都轉變他們的工業力量到軍火生產上的時候，衰敗的白種人就可以發現他們自己已被壓倒。西方已表演出從事毁滅人類和破壞財產的方法，東方也可以學得這種教訓。

在有色國家間，有一種增長的休戚相關的感情，同時在白種國家間，却進行發展他們的國際糾紛。印度是大英帝國的一部份，但在戰爭中間，印度人民對於英國主人覺得很少同情。有色人種的國家明瞭他們如此一大部份的人民被白種人所控制的這種恥辱。他們明白他們所遭受的剝削和歧視。二百年來的這種情形，已深深印入否認自己低劣的十五萬萬人民的靈魂中。

這種佔壓倒多數的人們，如果要在世界上取得優勢階級的地位，他們祇要翻閱過去的幾頁歷史，注意一下優秀階級的行爲。當白種人因遇到一次他們所常遇的戰爭，而使他們自己精力耗竭和貧窮之後，有色人種的優勢時間就會來到。當這種時間來到的時候，災難就要降臨到白種人身上了。

爲了我們兒孫的利益，我們應該認眞地實行民主。第一我們要學習如何在國內實行，然後再伸展到國外。對於我們自己加以保存而對鄰人則加拒絕，這將對我們很少幫助。

將民主置於經濟事務內的合作方法指出了進行的路線。當被剝削的人民受鼓勵去組織合作事業時，他們能使自己升至自尊的地位，並且享受到普通人的尊嚴。自尊的人民，不會忍耐由其他人民的殖民和管制所遺傳下來的田奴制和不公平。被賜的自由不是自由。値得保有的自由必定要是應得而取得的。唯一的自由是取得的自由。祇有人民發展了一種替自己辦事和處理自己事務的能力，才有自由的準備。合作學校教導和訓練這種方法。

承認這些人民爲我們民主的同志，幫助他們提高經濟和社會情況，是趨向復興與和平的路線，並且是唯一防止行將降臨於世界的災害的方法。

經濟利益是合作結果之最小的一點。最大的結果是他可以促進人類較好的關係。合作方法之顯著功績，在提高人們對於同伴之較好德行和道德態度。經濟的利益並不足夠。他們的價値僅爲可作爲達到較好生產的階石。給予人民以衣食住，僅爲一個開端。較和悅的人類關係才是目標。罪惡流行以及邪惡發生酬報的地方，智慧的人們就成爲最危險了。經濟繁榮而沒有較好的生活，就不是繁榮。

當合作方法已深入世界的黑暗處所，當這些無數的普通人已了解了自己，覺悟了自己的尊貴，以及對於其他各地人民的友愛情感和忠實而直立起來時，曾經箝絡他們之嗜戰的統治者，將發現他們不再是手中容易塑捏的泥土了。當一切國家和一切人民的合作組織堅強地聯合在他們全國性合作協會之內，並且當一切國家的全國性合作協會又聯合在國際合作聯盟之內時，對於世界民主的運動就可以實現了。

除非世界追求合作方法，否則驕傲地宣佈爲優秀人民的我們，最後將註定要發現我們自己被馴服，屈辱而被宣佈爲低劣的人民。我們的子女要支付我們對於同類不仁慈的代價。這因我們拒絕了解自己的低劣，而使我們的子女對他一定要支付可怕的代價。倘若白色人種不能明瞭他們以公正和平的仁慈對人而可獲得的直接利益時，或許對於他們兒孫命運的了解可以使他們考慮。無論做什麼，現在是時候了，因爲時候已經遲了。

現在和這一代的我們，應該約束自己在正義和對一切人們友愛上去思想和行動。這一切人們就是指那些我們稱爲是我們敵人的人，我們所制服的人，以及那些我們稱爲低劣之人，以及我們所侮辱的人。因爲我們也曾被稱爲敵人；關於我們的優越，除非我們對人以仁慈，此外沒有更好的方法來證明。我們的不仁慈產生了我們低劣的證據。在不遠的將來淸算的時候，將要如此說明。

趨向國家主義

倘若一個時代正在死去，我們將永不會知道，因爲我們也註定要和他一起消滅。但一個時代正在變遷，我們却能够知道，因爲用以造成時代之實質的我們，正在遭受這種變遷。近如十六年之前，一般覺得我們所生活的經濟制度有效率，並且正解决迫切的經濟問題。最後終於達到了目的。然而，稱爲「自由企業」的這種經營方法之失敗，阻止了這種似乎向前的行進，這種企業不能供應人們的需要，不能賺取對他的維持很爲重要的利潤，並且不能以一個足够購買產品的工資去支付勞工。

有幾種營利事業將經常存在，但營利方法佔優勢的時日是有限了。以獲得成本與市價之差額爲目的，以爲供應人類需要的動機正在沒落。社會已發展到出售物品給他自己而不能再獲利的階段上。獨占是最後的地步；但是托拉斯方式之國家的獨佔，以及卡德爾方式之國際的獨佔，最後將毀滅他們自己。自己保證以往陳舊的好日子能再回來，是商業方面在黑暗中的呼嘯。機構破裂的時候而自稱自頌的商業是不足信的。在營利事業方面，亦不輕視國家主義，因爲這種營利事業大部份賴於國家主義的發展。

政府在創導和壓制商業，倘若政府不干涉商業，就將不會有社會主義趨勢的這種意見，僅有那些見聞不廣的人同意。事實是倘若政府不幫助商業，以及不幫助被商業雇用而受商業所供給的公衆，那末仍舊會有社會主義的趨勢——不過進行得混亂而已。使世界達到最大進步之資本家商業制度，正在開始走向從他的性質產生的頂點之最後一章。

一九三〇以後幾年中的大澄淸說明了經濟的基本教訓。現在，似乎一個穩定的繁榮無論何時出現，他的情况將與以往不同。當他來到的時候，讓我們希望我們的心地充份淸明地去認識他，否則我們就會對他當面關門。

國家正在接辦資本主義的自由競爭方法已失敗了的服務。國家參加到商業裏面，不是社會主義者宣傳的結果，亦非空幻理論的結果，亦非政治家計劃的結果。商業要求幫助，而接受了自然跟來的東西——規章。受商業供應的消費者，也懇求政府幫助他們去獲得他們所需要的東西。農業，銀行業，船運業，鐵路，和醫藥等都是例子。英國政府對於這些商業的祕奧探討得深之又深。社會主義的趨勢正在推動國家漸漸趨向到他們危險的境地。這種趨勢普及全球。對於促進此事的準備，在被侵略國家內已頗有進展。看起來煤，石油，以及公用事業，註定次一步就要落入國家之手。英國有一種盛行的計劃，要求土地，礦，以及一切公用事業都置於國有和國家管理之下。身爲消費者及生產者的人民，在他們經濟活動之自由範圍內，沒有機敏替他們自己做東西，以供應他們的需要與供給進款，國家就來替他們辦理。因經濟範圍的收縮而產生了政治範圍的擴張。隨商業失敗和經濟的不公正而來的，有擴張的政府功能和繁多的法律。自由企業不能供應大衆需要之低效率，造成國家組織擴張的原因。合作事業是這種自由企業的一部份。他們必需要負担他們一部份的責任。

因政府功能的增加，隨着就要增加政府的官吏，而這些官吏又復都有興趣於增加政府的功能。這樣，政府的自然趨勢是趨向擴張。經過一個時期的政府顧問，法規，貸款，與贈品之後，最後的階段是成爲政府所有。歐洲已走在美洲的前面，但是我們對於向最後的政治目標——全能的社會主義國家——推動得並不很落後。倘若沒有力量干涉趨勢的改變，最後就達到國家主義，就是趨向產生一個獨裁者以及否認民主和自由企業而沒有人格的機構。辱罵政府而要求回復過去的情景，並不是解決的辦法。（註三）

當資本主義的自然態勢趨向國家的擴張時，資本家就反對這個國家。租借法案是國家的事業。指揮作戰是國家的事務。並且最後收拾殘餘和修補創傷也都是國家的職務。改組世界使免於戰爭和保障民主，通常也都討論爲國家的事業。改良家的對付這個問題，好像擴張國家的職能，本身就是一種好事。英國的俾佛雷奇計劃（Beveridge Plan）被改良家歌頌爲進步的方法。爲了世界的改造而建立的許多組織，變成以擴張中的國家作爲他們的基本憑藉。現在心目中的計劃，可以很容易地看出爲逼使世界從民主獲得自由，以及免於戰爭的運動。（註四）

戰爭可以比照個人間爲利得而起的競爭，不過這種競爭是國際性的罷了。戰後的混亂也可比照個人因競爭而生的情形。仁慈的新意義，以及鄰居貧窮對國家或個人均非幸福的知識，都表現在對善後工作的努力上。首先來幫助解除迫切的痛苦，其次再來改造。這是長期計劃，而世界的命運，就依靠在牠的實行效果上。

在美國，我們自己對於救濟和改造的需要，將成爲戰後的問題之一。當我們大量消耗而把握速戰速勝的時候，如和其他人民的需要相比，我們大部份的需要已經滿足。但這種滿足現在正在下降。當世界的其餘部份處於顯明的貧乏之中時，我們也將貧乏。價值的毀壞恐將非常龐大，以致於我們的能力還很不足以供應一個貧乏的世界。其他各國所能做的甚至於還要少。我們已正在輸送救濟給有龐大生產力的俄國。當我們的士兵回家之後，一種新的孤立主義已成爲很普偏。有人說道：「這些外國人民已使他們自己處於混亂之中；他們常常這樣做；現在讓我們留在家裏整理我們自己的事務罷。」美國與世界其他部份政治和經濟事務不穩定的日子都在前面。我們不能逃避。我們仍舊要對於我們經濟和政治的恐慌而支付代價。

貨幣是如此重要，以致於世界的改造，亦需要貨幣制度的重建。當消費者就是他消費品生產者的時候，不需要貨幣。技術便貨幣成爲必要。這與製造較好的東西，以及製造超過自己需要之專家以俱來。最初採用物物交易。製造最好的槍的人，以他的槍而換得了穀類，皮毛，和其他所需要的東西。這些就是購買者給予製槍者的貨幣。這些貨幣都有眞實的價值。其後金匠創造了另外一種貨幣。他將黃金鑄成錢幣，以其所含黃金的價值作爲通貨流通着。他替有黃金的人製造錢幣。黃金的所有者對於他的造幣，則付與一筆小額的費用，而用了錢幣去購買他們所需要的一切東西。這是實在的貨幣，與穀類和皮毛同樣實在。貨幣應該是購買者的創造物。用作貨幣的任何物品，在造成購買的一刻上，才表示他本身是貨幣。他之作爲貨幣的價值，却依賴於購買者。

有一個保險箱以保管黃金，白銀，和貴重珠寶的金匠，出收據給存款人；而這種收據也就作爲通貨而流通。這說明了紙幣的開始。這是好的金錢，因爲他後面有其價值。一切這些交易都是私人的商業。到了相當時候，政府就參加進來，並且開始限制和管理貨幣市場。這在開始的時候是一種必要的服務，但到了相當時候，就成爲佔有之不可避免的結果。那個事實表示人民開始喪失了貨幣管理權。由政府來發行和管理貨幣，就成爲一個經濟的悲劇。

發行貨幣之目的是爲購買東西——財產或力量。這句話當穀類和皮毛充作貨幣的時候是眞實的；在今天複雜的事務上這仍舊是眞實的。貨幣必需要有後面有價值，而那種後面的背景，應該能在出售的行爲中獲得證實。政府不能發行完善的貨幣，除非他購買一些東西。倘若他眞的購買，那就走到商業中去了。

除非購買者已經有了財產或背後有財產的貨幣，公平的購買不能發生，各個人與各個人組合的各國體，對於創設貨幣所必需的要求最爲符合。發行完善貨幣的力量在乎人民，當政府以銀行爲特權的共事者而辦理這種職能的時候。人民就要失了一種寶貴的權利。

這或許是一種偶然的事情，美國的憲法規定國會應有「鑄幣」的權力。制憲者確實沒有預見到這一條文的影響。當政府印刷貨幣的時候，爲了使他能够流通起見，有兩種耗用他的方法。一種方法是爲了補助，年金，救濟，或戰爭等這些不生產的目的而耗用。這種情形造成貨幣貶値或通貨膨脹。另外一種方法是爲了郵務，工廠，和農場等產生收益的目的而耗用。其結果使政府從事商業以代替私人企業，或與私人企業競爭。

政府在沒有相等價値作爲準備的情形下發行貨幣，或造成通貨膨脹，貶抑他自己貨幣的價値；而產生種種惡果，或者向着社會主義或共產主義推進。政府不能創設或發行貨幣而不發生這些結果的一種或全部。府政發行貨幣，對於週期性的興盛和衰敗，商業蕭條，失業，戰爭，以及常常膨脹的國債，實爲一種大有幫助的原因。

經由無限制發行貨幣的力量，政府正在買盡我們的所有；經由他的課稅力，他傾倒出我們的所有；並且經由他的給予力，他又消耗我們自助的要素。這種情形正由所謂「國債」來加以描述，但這實在不是「國債」因爲他並不由政府償付。他的負担落在公民各個人的肩上，同時，政府却繼續做他的動作，以發行更多的貨幣來償付他的債款，而這種發行，又包含繼續發行更多的意思。

舉世傾向擴張國家權力的趨勢，與貨幣支配的需要一致演進。由於營利的資本主義的失敗而部份地招致這種趨勢的時候，政府經由貨幣的控制而控制營利事業，實爲營利事業失敗之有力的原因。美國在每一州，聯邦政府的職員數目，大約要超過州市縣職員總數之四倍。聯邦政府的職能正在代替地方的職能，自治正在變成政府統治，州與地方政府正在喪失他們的權力，而這權力却正在移向華盛頓去。曾經有一度每州都發行貨幣。現在各州已將這種權力喪失給聯邦政府。政府掌握了全國三分之一農田的抵押權。他擁有全國企業的四分之一，和土地的五分之一。政府使他自己成爲那些曾經爲公民私產的財產主人翁，同時對於他們生活的管理也日益加多。他們旣喪失土地又喪失了自由。這由於政府有發行貨幣的力量而來，因貨幣而控制國家。（註五）

發行貨幣的權利並不是向人民偷竊去的，他們未加思考地任他逸去。沒有反對私人創設貨幣的法律，對正在發生的事物冷淡和不了解，造成了政府貨幣力量的生長。欺騙的改良家，今天的確主張一切貨幣的發行和管理，應該都在政府手中。但是倘若人民要奪還他們的老權利和維持他們的自由，他們必需要將貨幣的發行置於他們自己的手中。

祇有生產者和消費者才能創設可靠的貨幣。私人之非政治性的貨幣很爲普遍。根據銀行存款所開的支票，常常作爲通貨而轉帳流通。假使後面有價值的話，紙幣就是一紙可靠的貨幣。美國捷運公司的支票（American Express Checks），西爾斯，羅勃克公司蓋印的支票（The printed Checks of Sears, Roebuck Company.）以及經電車所承認的繳費的代用貨幣，都是在人民間用作通貨之私人貨幣的一些實例。倉庫收據，提單，和再貼現票據，亦有和貨幣同樣的功用。

合作運動應該發行他自己的貨幣。許多合作社已這樣做。有些瑞士城市的合作社，以合作社自印的貨幣支付社員的盈餘。這種貨幣在社員與非社員間作爲認可的通貨而流行。合作社由於用以支付他們自己的僱佣人以及支付他們所購買的東西，最能提倡他們自己的貨幣。

這些應用私人貨幣的地方，常常可用政府的貨幣去支付。基於自己實在價值的私人合作貨幣是很需要的。

除印刷貨幣之外，一個政府又向他的公民課稅，以獲得貨幣而應付日常用途。合作民主從何處可以獲得貨幣以應付社會和一般需要，實為重要的問題。在理想上，合作事業不相信租稅。他們所徵收而和租稅最相近的費用，就是使用不動產的租借費，這種費用可以說是基於土地的使用價値而來。一個合作社擁有土地房屋或一個村莊的地方，社員就是財產的聯合所有人。每一居住的社員以九十九年的租期向合作社租得。他支付一種包括房屋維持費用和其他用費的月費。土地給與了財產的根本價値。但這些費用全然不是租稅；他們是對於服務與價値的償付。

以作為管理和社會目的而由合作社所收集的大部份貨幣，都直接從社員對於他們所得服務之償付而來。在合作業務中，人民對於他們所獲得的東西付款。合作社對他們不售給任何東西，因為社員已經都是合作社財產的主人翁了。一個合作社用來購買財產和貨物的貨幣，就是社員投在合作社的聯合投資的貨幣。社員以兩種方法幫助牠。他們投下開創的資本以開始他的業務而擴大之。他們留給合作事業以交易時多付的盈餘。這兩種貨幣用來支付財產，原料，製成品，和服務。

步驟很簡單。一羣人聯合投下一相當數目的貨幣，以購買貨物置於他們零售商店的貨架上。他們自己擁有這些貨物，所以不能再賣給他們自己。當一個社員需要一些貨物的時候，他們到店裏來拿去，例如拿去一罐豌荳。豌荳已經是他的——他已經對他付款過了。但是假使他拿去而不留下貨幣，並且每一個其他的社員也同樣照相的話，那末貨架很快地就成空虛，而商店也就倒了。社員要當他再來的時候有另一罐豌荳，所以他要留下足夠的貨幣以代替所拿去的東西。但那種足夠的貨幣僅是批發價格或原價。何以他應該留下一個相當於當時零售市價數目的貨幣，則有許多理由。一種理由是因為那個確實的原價一時無從得知。另一理由是倘若人民到他們的合作商店以批發價格取得貨品，就要增加競爭商人的敵意，因為他們與合作事業競爭的力量要受減損。還有另一理由是溢付可使合作事業的庫中積儲一筆款項使他可用以擴張，着手經營新事業，購買財產以全體社員的利益而進行社會事業，或者以歸還儲蓄的形式而付還願意的社員以他們的溢付款額。

在每一次交易形為上，社員留合作社的這種原價與零售價格之間的差額，本質上就是對於合作社的一筆貸款。倘若社員照這樣辦的話，那末這筆錢預定將在財政年度終了的時候發還給他。這也是一種儲蓄，因為這筆貨幣代表他如果向營利企業交易就不會有的一個數目。怎麼可使別人的利益來變成他的儲蓄。美國的合作社，通常不以現款而以股票發還社員的這種儲蓄。這樣，社員增加了對合作社財產的所有權，而合作社則獲得了貨幣的使用，否則這些貨幣要喪失給社員了。這種投資的形式正在日益普遍。社員常需要現款的時候，常常有權照票面出讓他的股份給合作社。合作事業這樣充當了社員存放款項的銀行業。

要了解這些合作業務的簡單方法，在乎了解那分配與生產，服務與金融，以及供給與需要等，都能完全在對消費者或使用者服務的領域內進行；儲蓄能替代利潤；並且這些儲蓄又可由社員貸給合作社，收稅就成為不需要。社員所有的股份後面就是合作社的資產。股份的投機不會發生。股份無限制的發行以及限制投票權，保持着他們票面的價值。

這樣，就稅而言，合作事業的要求於稅，並不比先驅的農業家庭要求得更多，在這種農業家庭內，每一個人員都要服務而每一個人員都享受到全體勞力的產品。合作方法所向其推進的合作民主，應該是一個沒有稅的社會。稅含有一大君主，有統治者，或有統治的政府存在的意思。的確，向人民課稅，或人民被課稅的方法，都不能視作解決世界問題的方法。所需要的呼喊是不要向人民課稅。

這些表示事業的合作方法之金融原則，特別在經濟結構已經擾亂或破壞的國家內，在改造時應牢記在心。人民可以聰明地利用其他各國的經驗，以重建他們的文化。我們應該避免使人民失去自由的錯誤，而應採取保護他們的方法。

合作經濟與世界和平

批發合作社所從事的國際商業，代表一種造成和平與穩定的事業。他並不找市場剝削，但他從豐富的地方搬運商品到缺少的地方。他使用他自己的遠洋航船。世界友愛的希望，可在這種商業上感覺到。以商業佔優勢的方法而促成戰爭的世界裏，防止戰爭實在不可能。和平會議已告失敗，因為他們是一些願意談論和平的人所組成，但那些人却堅持要維持引起戰爭的條件以招致其所擬議的和平。談論和平並不產生和平，人民正在追求和平的幻象。如果人們繼續製造貨幣以準備戰爭以及經常的進行商戰，那末和平仍為一個夢。當全世界的人民因經營他們的事務而在商戰中得到利潤的時候，他們不會派遣和事老到和平會議中去。和平與世界之穩定的改造，賴於商業的和平方法。沒有一個政府已試倡這種事情以作為最合適的方法。一個政府是否能這樣做實很為可疑。但是在他們經濟範圍內，人民自己手中力能提倡與戰爭異趣的事業方法，並且使他佔優勢。教育在經濟和社會關係的原則內，站在混亂與和平的世界之間。

這樣，以性質上要製造戰爭的方法，去致力思想和努力以從事救濟，以及建設被侵略的國家，看起來好像都是徒然的，除非因為仁慈的理由。倘若跟着戰爭而來的改造，在乎創設新的攻擊目標，那末從事改造的那些人的常識，一宗要有問題了。正辦理或曾辦理救濟的人，首先必須熟思如何使救濟一勞永逸，這是對於救濟的重要認識。

尋求利潤的力量，曾爲戰爭的主因，在計劃戰後的假和平上，仍舊是最堅强的力量。爲世界商業之重要戰區司令之帝國主義，帶了飄揚的材飾，很高的騎在馬鞍上。因爲西方現行的世界商業制度的力量，幫助了日本佔領中國的東北，和太平洋的羣島，然後再入侵中國。因爲美國，英國，和法國資本家的商業，供給了墨索里尼和希德勒款項，而使這些獨裁者有興起的可能。因爲英國同意意大利之刧掠阿比西尼亞，而團結了法西斯主義。因爲英美兩國的支持西班牙法西斯的佛朗哥，而摧毁了該國的民主運動。這使我們成爲墨索里尼和希德勒的煽動者而開始了這次的世界大戰，我們的商人曾繼續供給日本作戰器材以攻擊中國和珍珠港，直到一般激怒的公衆提出抗議爲止。在戰爭期中，美國，英國，和法國的大商業，仍舊繼續他們與軸心的利益相聯合。

當美國的醫藥援華局（American Bureau for Medical Aid to China）籌募了一百萬美金買奎甯的時候，美國的商人要求這種奎甯要經由他們來購買。於是他們在爪哇買了奎甯，裝運到美國，再改裝而運往中國。最後中國人僅獲得了三十萬美金的奎甯。（註六）

敍述了這些實例，是要說明與世界合作商業相對照的一種國際商業的形式。戰爭就是這種商業上産生。他現在仍舊支配着世界。

曾經一度存在於個人之間，以及其後存在於公司與公司間的商業競爭糾紛，有成爲社會主義化國家間的商業競爭糾紛的趨勢。像一個大規模商業公司的俄國，現在正在找尋市場，消費者，和原料供給。現在俄國將與其他社會主義化的國家很認眞地競爭。當這些擁有槍炮，軍隊，和支配人民的生命之商業競爭國家，從事商業以獲取原價與售價之差而爲目的之際，戰爭就迫在眉睫了。這就是俄國的國外商業的性質，而社會主義的趨勢推動世界趨向戰爭一點，看來很爲明顯。

合作的國際商業，並不在國與國之間尋求有利的市場而競爭。他對合作事業辦理輸入與輸出。他祇有產生友誼的情感。合作可視爲一種保持和平的力量，因爲他給予那些在營利事業中失業的人以工作，因爲他不以失業和不滿足而促成恐慌，又因爲他並不幫助使人民準備戰爭的不安定與混亂，當執行救濟和改造之際，要注意計劃他們永久的需要。改造僅能在與提倡和平相聯的時候，才有安全的基礎。

和平現在是在原子能的掌握中。這使政府成爲最危險的組織。世界的控制現在落於物力上，有最有效的原子力的國家或國系的聯合會，就能够支配世界。但知識，了解，和道德，却能控制自然力。原子能必需要被人用來從苦役中獲得自由，對他的文化供給閒暇和便利，並且最後幫助他爲建設性的目的，聰明地使用他所支配的力量。

（註一）如要討論合作農業，請參閱本書著者所著一九四二年出版之「合作民主」（Cooperative Democracy）第四版第二〇九頁。

（註二）見一九四四年十月份之國際勞工評論（International Labor Review）第一卷第四期。

（註三）見本書著者所著「社會主義的趨勢」（The Socialistic Trend）這本小册子，合作協會出版。

（註四）在本書著者所著「合作民主」（Cooperative Democracy）（合作與國家（Cooperation and the State）一章第九十三至一五四頁）一書中，曾討論過自願的合作社與强制的國家間之無可爭論的區別。

（註五）見一九四四年出版E. C. Riegel所著Private Enterprise Money一書。

（註六）見Agnes Smedley所著Battle Hymns of China一書第五〇四頁。

第五章　合作活動

一　種普及全球的運動

雖然一般社會飽經變革及騷擾，但是現今世界各地各種合作活動的存在，頗能獲得人們的注意。對於合作事業的此種特點作一簡單考查，就可以說明他們對於世界改造的可能性。

每一國家內各地方的合作事業，都有聯合組成全國性組織的趨勢。至全國性的合作團體，則又加入國際合作聯盟。在戰前，聯盟係由四十個國家的全國性聯合團體所組成，包括十二萬四千個合作團體，和一萬萬的個人社員。迄至蘇俄政府沒收其國內的都市合作社以後，聯盟就失去了二千六百萬人。

國際批發合作社（International Cooperative Wholesale Society）係由二十個國家的全國批發合作社所組成。戰前在其所屬的會員社之間，進行着貨物的交換。國際合作聯盟的會員社，每年所經營的合作業務有一百五十億美金。所有附設居住，銀行業及保險業在內的消費合作社，每年業務達三百三十億美金之鉅。聯盟的四十個全國批發合作社，每年總營業爲九十億美金。其中包括許多商品的進口貿易佔二億七千五百萬美金。這些國際貿易不僅包括剩餘物資的交換，並且還有咖啡，橄欖油，電燈泡，以及國際批發合作社所有其他植物產品之生產在內。

兩個英國的批發合作社，經營着全球最大的茶業，在印度的錫蘭擁有三萬五千英畝的茶園；並且在非洲還保有大量的可可和橄欖油業務。在這種國際貿易中，美國的合作社一方從英國的合作茶園獲得茶葉，他方則致力供給其他商品以爲抵補。

斯干的納維亞的批發合作社（Scandinavian Wholesale）係由五個斯干的納維亞的國家的全國批發合作社所組成。總社在哥本哈根（Copenhagen），並於倫敦設一分社。該社在斯德哥爾摩（Stockholm）的電燈泡廠，對於全斯干的納維亞的消費者，減輕該產品的成本在百分之二十五以上。該社對於美洲，波斯，爪哇和阿根廷，在業務上都有聯繫。

全世界還有許多國際性的農業供銷合作社。有總社設於鹿特丹（Rotterdam）的國際農業供給合作社（International Agriculture Purchasing Society），辦事處及銷售處設於倫敦的海外農民合作聯合會（Oversea Farmers Cooperative Federation），經營水菓業的美洲輸出合作社（American Export Cooperatives）。中美與南美的水菓，穀類和咖啡的生產者，都聯合組成國際性的活動。國際農業聯盟（International Confederation of Agriculture）是農民銷售合作團體的聯合組織。此外，國際農業委員會（International Commission of Agriculture），又和國際合作聯盟聯合設置了一個綜合委員會，以調和生產者與消費者的合作利益。

因為我們要對各國合作事業的性質得到一個觀念，所以要敍述一些他們的各種活動。此種敍述是從牠們對改造世界的作用方面着眼的。

歐洲的合作

歐洲已逐漸演進為所謂合作大陸（Cooperative Continent）的地域。一九三九年國際聯盟的國際勞工局所發表的調查報告，說明歐洲共有二十八萬八千個合作社 五千三百萬以上的社員。這些數字包括二萬個消費合作社有一千九百萬社員；一萬一千個住宅合作社有三百萬社員；四萬九千個營造合作社

（Building Societies）有四百三十萬社員；二萬個工匠生產合作社（Artisans' Producer Societies）有五百萬社員；以及十八萬八千個農業合作社，有二千二百萬社員在內。這些數字並未包括保險或衛生合作社，俄國的合作運動，以及其他各種大規模的合作事業在內。減去跨社的社員身份（Duplicate Memberships） 歐洲四分之一以上的人口，已投入合作社的懷抱了。

英倫三島的消費合作社，在一九四四年已有九百萬社員，並且經營了十五億美金的業務。他們差不多經營了國內四分之一的零售業。他們的社員人數和營業額都在繼續增加。一九四三年美國參議院小工商業委員會（The Small Business Committee of the United States Senate）所出版的報告，說明英國的合作社供給其國內百分之二十五以上的糧食。他們共有二萬三千個零售店。蘇格蘭的合作社代表其總人口的一半。他們分配耗用於蘇格蘭的牛乳的半數。

一九三八與一九三九年，英國批發合作社從俄克拉荷馬（Oklahoma）的愛業特（Enid）的農民銷售合作社，輸入了差不多二百個英斗（Bushels）的小麥。這種小麥送由孟哲斯特（Manchester）的批發合作社的麵粉廠磨成麵粉後，再分配給麵包合作社，然後將製成的麵包交付英國各地的零售合作社。這種麵包的售價，依照生活費比例計算，比較麵包職工的報酬并不較高的烏克拉火馬的愛業特，以同樣麵粉所製成的麵包，每個要低百分之五十。蘇格蘭和英格蘭的批發合作社是加拿大小麥的最大顧客。他們在一九四四年共經營了二億二千一百萬英鎊的業務。

屬於全英半數以上的家庭所有，并爲全英半數以上的家庭服務的這兩個批發合作社，在美國，加拿大，澳洲，新西蘭，西班牙，西非洲，印度，和錫蘭等處，都有外國的貨棧。他們是許多美貨的大輸入商。他們還經營着一百五十二種各不相同的製造業務，其中有幾種是英國最大的製造業。實際上他們替社員生產所需消費的一切物品，包括食物，衣服，家庭用品，和奢侈品。

一九三九年法國有二千九百個消費合作社，附有五千個零售商店和二百五十萬社員。農村社會中有二百萬社員，產業工人生產單位內的社員數則較少。兒童假期中心娛樂場（Holiday Centers for Chidren）以及合作食堂和合作旅社，都是法國合作運動的特色。法國全國消費合作社聯合社有肥皂，衣服及製鞋等工廠，並且還經營罐頭食品，製巧克力和製咖啡等事業。該社又進行着大酒業。

比利時有和法國規模相同的合作事業。法比兩國的麵包合作社，戰時都被德人沒收而充納粹的使用。

在瑞士，合作受全國公認為經營業務的習慣方法。一九四四年有一萬一千五百個合作社，其中一千二百個是附有零售商店的消費合作社。合作事業擁有瑞士最大的麵粉廠。他們并控制肉業。

一九三八年荷蘭有三千三百個已登記的合作社。其中有模範的衛生合作社和住宅合作社。消費合作社的附屬工廠，生產肥皂，人造牛酪，化學用品，麵粉，可可，巧克力，服裝，雪茄烟，和烟草。一九三七年荷蘭的合作事業供給了全國所用的百分之六一・三的飼料及百分之六四・五的肥料。有一千三百五十個合作零售商店和九百五十個農民合作零售倉庫（Cooperative Farmers' Retail Warehouses）。

在戰前，丹麥百分之八十八以上的農民和國會大多數的議員，都是合作社的社員。合作事業掌有農民所用百分之六十七的飼料和百分之四十的肥料。他們經營百分之二十的零售業和供給百分之九十一的牛乳，百分之八十二的牛油和百分之七十的乾酪。他們生產大部份的煉乳和奶粉並且屠宰和包裝百分之八十六的肉類。有二千一百四十八個合作零售商店與三千個農業合作倉庫。德人用完了存貨，竊去了家畜，使得這個繁盛的國家，陷於絕望的貧窮狀態。

挪威雖然在一九四一和一九四二年敵人侵入之際，仍舊增加了合作社的數目。有一千一百八十個合作零售商店和九百個農民購買倉庫（Farmers' Purchasing Warehouses）。一九三九年他的合作社曆了挪威全國百分之一三•六的麵粉，並且控制了百分之九二•五的牛乳。他的消費合作社的附屬工廠生產皮鞋，肥皂，人造乳酪，巧克力，毛織品。奧斯陸（Oslo）合作社的麵包店，曾被納粹加以佔據，以替潛艇的船員製麵包，因而合作社的二萬七千名社員，被迫向私人麵包店購買麵包。挪威差不多每一個城市的合作領袖，都被關入德國的監牢 有許多死於牢中，其中有的是被殺害的。

依照人口的比例，冰島是世界上最高度合作化的國家。大約全民的百分之七十五都是合作社社員，並且他們大部份的事業爲合作。合作事業是他們生產品的主要輸出者。他們經營全部的羊肉以及其他輸出肉類的百分之八十。消費合作社製造毛織物，衣服，皮鞋和糧食。他們還辦理屠宰場，冷藏庫，牛奶棚，捕魚場，暖房，一所魚肝油廠，以及其他許多事業。

在瑞典，全人口百分之四十以上的人民都是消費合作社的社員。這些合作社供給消費者百分之二十的食料，以及農業用百分之四十的肥料和種籽。有六千個合作商店。瑞典的合作事業不僅供給其國內人民以物品與勞務，並且還穩定了物價，對於打破控制人造奶油，食糖，麵粉，橡皮 電燈，和肥料等生產的托拉斯獨佔，亦與有力焉。合作事業打破燈泡托拉斯的結果，每年替人民節省了二百萬美金。批發合作社是國內最大的批發業。瑞典的合作工業開拓了許多園地，包括汽出，無線電，人造肥料，植物油膠，以及由木料製成的人造橡皮等。

依照人口比例，芬蘭在戰前有歐洲最大的合作運動。消費合作社經營了國內零售和批發業務的百分之三十三。一九四三年六月，在戰爭期中，稱謂那迭斯克安代爾斯福爾（Nrdisk Andelsforbund）的四個斯干的納維安國家的全國批發合作社聯合會，在斯到克荷爾姆召開會議，出席者有芬蘭，瑞典，和丹麥的代表。這是全斯干的納維亞最大的組織，代表二百萬以上的家庭。

在俄德兩國侵入之前，全人口六百萬的波羅的各共和國（Baltic Republics），有六千一百七十個合作社，包括九十二萬一千的社員，並且很顯明地改善了社員的文化和經濟情形。

愛沙尼亞（Esthonia）的消費合作社，經營其國內百分之二十五的零售業。在他們經營的工廠內有愛沙尼亞最大的紙廠。農民的合作社供給百分之九十農業上的需要，並且經營百分之九十三的牛油。拉脫維亞（Latvia）的消費合作社自附設製造工廠的批發業。這種製造工廠包括一個植油廠，肥料廠，製革廠，鋸木廠，麵粉廠，和機器廠等。里薩尼亞（Lithuania）的合作社經營其國內百分之八十四的食鹽，百分之七十六的食糖，百分之二十六的鯡魚，百分之六十的三合土，全部肥料，以及百分之八十的農業機械。

第一次世界大戰結束，這些波羅的各共和國（Baltic Republics）從俄國獲得解放以後，在正義，自由和文化方面有了顯著的進步。這是他們在二十年獨立時期中的情形。德俄協定使這三個國家改受俄國統治，因而結束了他們二十年的進步。一九四〇年六月俄軍入境，這些國家的經濟生活就變成了俄國化。一切私人事業都歸國有。共產主義的領袖來管理合作事業，因此他們的主權就受到破壞。當德人逐出俄人時，俄人將很多可以搬動的東西都隨身帶走。德人所加於他們的限制與俄人所加者相同。每一個合作社都禁止採用民主方式的管理。每一個合作社的領袖都被逮捕，殺害和放逐。每一個合作社都以政府的利益來管理。其後俄人統治的再度侵入，剝奪了這些人民的自決。自由的合作運動與民主管理的權利，在這些國家內可能消滅。倘若真的受到消滅，那末這種運動恐將要賴那些青年為保護民主而死的聯合國的幫助和賜福而來完成了。

波蘭有一萬三千個合作社，以及代表其全人口百分之四十的三百萬社員。合作銀行供給貸款予三分之一以上的小農。一九三七年，合作事業經營了百分之九十七的牛油輸出和百分之三十的雞蛋輸出。歐洲最大的合作牛奶棚是在波蘭，每年生產一百萬磅以上的牛油。波蘭的合作社供給國內需用的百分之十六的火柴和百分之十的食鹽。一九二二年，波蘭共和國選舉了前任消費合作社聯合會的會長爲總統。波蘭最大的製造業和分配業，是稱爲斯波蘭（Spolem）的合作聯合會。該會係由兩千個合作社所聯合組成。波蘭政府撥交斯波蘭大量棉織品，鐵，和農業工具去分配。聯合國善後救濟總署第一次裝運到波蘭的麵粉和其他食料，亦都到合作事業之手。戰爭以來，大約有二百五十名學生，在瓦薩大學註冊修讀合作幹部的兩年課程。

捷克斯拉夫（Czecho-Slovak）在一九三六年有一萬六千六百七十個消費，農業，信用，工匠（Artisan）和營造合作社，擁有四百萬社員。其中有一千六百四十個合作社是供給電力的。信用合作社差不多有一百萬社員。合作社擁有七百十九個新式倉庫。德人侵入以前，百分之八十七的穀類係由經營着三十八所碾磨廠的合作事業所掌握。一九三九年德人侵入之際，合作事業的銀行存款悉被沒收，並且屬於三百個合作社的全部零售商店，都被改作私人營業。並且根據在美國的捷克斯拉夫國家會議（The Czechoslovak National Council of America）報告（見一九四三年一月三十一日的紐約時報），雖然農業合作與城市的消費合作都處於納粹管理之下，並且他們的領袖被殺害而代之以納粹官吏，但是合作的組織仍舊不能加以破壞。「因爲全部破壞的政策可以招致經濟的混亂」。該報告並謂「這些經濟組織雖然脆弱，並且受到納粹恐怖主義很猛烈的蹂躪，但繼續維持其存在，可以在經濟復興之際發生偉大價值。」

捷克斯拉夫的財政部長弗拉爾博士（Dr. Feirabend）曾說：「如果假手一個國家如捷克斯拉夫者的私人營利事業以辦理救濟和戰後復興，將會有一個不幸的結局。這種事業應由合作社來辦理」。（註一）

其他東歐各國的情形與捷克斯拉夫相同。

巨哥斯拉夫的一萬一千個合作社和一百四十萬社員，雖然代表了一切合作的形式，但是大部份是農業性質的。每一百家農業家庭有六十五名合作社社員。衛生合作社是顯著的合作成就之一，包括衛生教育，藥店，和巡迴醫生。斯拉伏尼亞（Slovania）的全部九百所合作社房屋，戰時都被德人劫持而遭閉歇。西部也有四百個合作社，全部被意人劫持而閉歇了。

羅馬尼亞一萬個合作社和一百五十萬社員之顯著特色，實爲以農民的信用組織而服務的合作銀行。四千五百個人民銀行（People's Bank）有九十七萬五千名社員。此外還有二千個以上的消費合作社。

匈牙利有一種大規模的全國合作批發和合作銀行運動 。這種合作銀行是匈牙利國內的主要信用組織。

希臘有正在滋長的合作運動。土耳其有一種規模較小而正在擴大的合作運動。這兩個國家的合作運動都被各該政府所提倡，並且特別替農民服務。

在戰前，保加利亞已成爲著名的合作國家之一。他的信用合作社替每一階層的人民服務。他的農業生產合作社從事生產的範圍，包括穀類，酒，棉產品，煙草，雞蛋，油類，木料，乳產品，羊毛和絲。他們經營百分之七十的棉花。消費者的批發合作社經營了一所糖廠。並在大戰初起時設置了一所人造橡皮廠。辦理灌溉和水力發電的合作社頗爲興盛。有診療所和醫院以及三十七個合作藥店的衛生合作社亦頗發達。一九三六年，批發合作社經營業務達三億八千萬美金以上。他有許多工廠；包括一所罐頭食品廠和一所煉油廠。他經營了一所使擁有麵粉廠和火車站的整個全市光明的電力廠。他的保險合作社有十六萬社員和四億美金的資本。

德國的合作運動於一八四九年從美國獲得鼓勵。這是由於一八四五年德國的工人在波士頓辦了一所合作商店，並將敍述其業務的通訊在報上發表。一個大規模的合作機構就慢慢地發達起來了。合作銀行亦在德國首創。一九一八年以後，分配和生產合作都迅速發展。到一九三三年，四分之一的人口都加入了合作事業。有二萬一千個合作銀行，六千八百四十二個原料供給合作社，以及四千一百七十一個家室營造合作社。批發合作社是德國大規模的供給事業，有一千個以上的零售合作社爲其社員。他經營了許多製造工業。柏林合作社有十五萬社員，並且是全市著名的零售業。合作運動早在一九二〇年已與政治脫離關係。第一次世界大戰以後的經濟恐慌，驅使人民從事合作以爲供應需要的方法。一九三三年的納粹統治，開始了對合作事業的壓迫。政府破壞了民主的管理，但並沒有完成從合作社社員的內心去改變其對合作的觀念。要使合作事業適合納粹的形態，經過八年嘗試，最後納粹承認失敗。一九四一年，納粹勞工陣線（Nazi Labor Front）領袖承認「合作運動有其一千萬社員，實爲德國一個不可否認的政治危機，因爲這些社員都是國家社會主義的敵人。我們看作這種運動爲我們最堅强的對抗者之一。」這種運動是能夠復活的。前任全德批發合作社職員邁克斯勃勞阿博士（Dr. Max Brauer）曾說：「大部份德國城市消費合作社的復蘇，在希特勒的勢力掃蕩以後十天功夫就可完成。」但是多久可以辦到這一點，要看盟國軍隊和改造機構的態度而定。

意大利在法西斯統治以前有各種合作事業。意大利合作同盟（The Cooperative League of Italy）

係由大約包括五十萬個家庭的社員之四千個消費合作社所組成。大部份的意大利市鎭都有合作商店。法西斯主義對於這些合作事業並未破壞成功。合作機構仍舊存在而等待其民主的恢復。法西斯統治開始以後，本書著者曾有五個不同的機會訪問過意大利，並且對其較前更爲强大的一種合作運動之準備出現（當戰勝軍允許人民發展他們自己的合作事業時）而感到滿意。

亞洲的合作

俄國在共產黨統治以前，有五萬個消費合作社和六千萬社員。這種運動包括產業工人與農人在內。自從都市的合作社於一九三五年被政府沒收之後，因此遺下的二萬四千個農村消費合作社和三千九百萬社員被剝奪了許多合作的特性。大約有二十四萬七千個農業社團或集體農場及其一千九百萬社員，常被誤稱爲合作事業。現在正在俄國實行的共產主義消滅之後，那時一定可以重建眞正的合作社。

中國有史以來卽以合作社知名。人民很適宜於團體的合作生活。一種活躍的消費合作運動正在發展。在戰時繼續生產的工業生產合作社，是戰時和經濟困頓中從事工業方法之顯著實例。合作教育已得到國人的注意。一九四四年之初，中國有十七萬個合作社和一千萬社員。

印度的合作事業在其發展過程中佔有廣大領域。信用合作社對他們最爲有用。分配與製造合作社正在發達。有許多省份，仲裁的合作社已替代了政府的法院。印度最重要的合作社之中，有生活改善合作社（Better Living Societies）。他們包括合作的全部園地。他們持堅「鄉村改良」（Village Reform），就是指衣、食、住、信用、和衛生而言。一九三九年，印度已登記的合作社共有十萬零五千一百六十社。

巴勒斯坦的猶太人民的許多經濟事業，都建築在合作基礎之上。包括農用開拓和運輸的一切合作形式都在展開。阿拉伯人亦正在開始步武猶太人的例子。

美洲的合作

中美洲和南美洲的合作事業在過去十年間頗爲發達。各國政府都表示了一種正在增高的興趣。一九四四年十二月二十一日，委內瑞拉共和國（The Republic of Venezuela）發行了七種面額的羅虛戴爾紀念郵票，以慶祝這英國第一所合作商店之創立百年紀念。在墨西哥、智利、巴西、厄瓜多爾（Ecuador），英領蓋亞納（British Guana），烏路圭（Uruguay），和阿根廷，一切的合作形式都已展開。哥倫比亞政府對於合作社特別注意，例如規定合作社物品的優先裝運；零售合作社確定物品的零售價格；信用合作社確定利率；以及合作事業替工業規章樹立準則等。戰前智利合作事業的乾果和牛奶糊產品，都大量地運往歐洲。

加拿大合作事業的發展情形與西半球其他各地相同。農民銷售合作事業很佔優勢。消費合作事業有批發社和製造廠，包括汽油廠在內。納瓦斯哥夏（Nova Scotia）漁民經濟情況，於由過去十年間的合作方法而完全改變。布里頓角的西德尼馬愛恩（Sidney Mines, Cape Breton）的一個零售合作社，在他存在的三十六年之中，已用現款付還給他的社員一百萬美金以上的盈餘。

西印度羣島消費合作事業的發展較差，但銷售合作却正在發達中。及美卡香蕉生產合作社（The Cooperative Jamaica Banana Producers Association）有一萬五千個社員，並且經營了大約百分之二十五的香蕉收穫。信用合作社也正在發展。

美國的合作事業在過去四年間，經驗上每年增添社員和業務達百分之三十以上。他們的發展在過去二十年中有顯著的增加。在美國，有五十四個消費合作社的地方聯合會。其中十二個係美國合作協會的批發合作社。合作協會為該國消費合作事業之全國聯合會。該會係國際合作聯盟之會員。全國合作聯合社(National Cooperatives Inc.)是美國的批發合作社。他是國際批發合作社的社員。

美國有五千零七十六個供應商　的合作社。有一百六十五萬八千二百名社員，以及六億四千五百十五萬美金的業務。他們經營零售店，煤油站，以及分配農產品和其他商品。有一萬八千二百五十個合作社供應這幾種服務例如居住，電力，信用與銀行，保險，電話，醫藥保健，殯葬，以及文具等。在戰前，有一個批發合作社曾以對歐洲合作組織有利的價格及品質，運送石油產品給愛沙尼亞，保加利亞，瑞典，荷蘭，蘇格蘭，以及一些其他國家的批發合作社。他有他自己的油井，輸油管，汽油廠，與混合物廠，並且組成了一個國際石油合作社。在過去三年間，美國的合作事業與辦或獲得了十一所汽油廠，產量每天出原油總額三萬大桶。或將近二百萬加侖的汽油。根據農業金融局(Farm Credit Administration)所發佈的數字，表示在一九四三年間美國用於農田上的百分之二十以上的石油產品，都係消費合作社所供給。

美國的消費合作社有生產麵粉，麵包，穀類，乳產品，飼料，種子，肥料、殺蟲藥，曳引機，農具，以及其他商品的工廠和設備。他們都在步步發展中。有一萬個合作銀行和信用合作社，擁有三百萬社員和三億美金的資本。

一九四三年美國一萬零五百個農民運銷和購買合作社，做了二十八億美金的業務。他們經常運往歐洲以大量的小麥，乾果，蔬菜，雞蛋，乳產品，棉花和種子。

一百五十所大學都有學生的合作組織，供給居室，食物，書籍，服裝，以及應付其他的需要。

一九四四年美國的合作服務社有一千一百萬社員，並且做了五億美金的業務。在一萬二千四百六十九個消費合作社的一千二百萬社員的總人數中，大部份是屬於農業的。這些數字都包括變更資格的社員在內。

美國的消費合作社擁有一百十二所工廠，煉油廠，以及其他生產設備。在過去兩年間，他們開鑿或購買了二百六十四個油井，並且裝置或購買了三百二十九英里的輸油管。這些有組織的消費者，目前已擁有乙千英里以上的輸油管和四百個油井了。此外又受其他製造事業次第讓予十五個肥料廠，十二個種子廠，四個種子廠，四個木料廠，兩個油漆廠，三個罐頭食品廠，以及一個牛乳機廠。從這些製造工廠所產生的盈餘有如此之大，竟使這些工廠的代價在一個可使人驚詫的短期間內以盈餘付清。據印地亞納農局合作社聯合社（The Indiana Farm Bureau Cooperative Association）報告一九四三年的帳目如下：他們的穀物倉庫約在四年之內付清價款變成自有，煉油廠在一年以下，育雞所在八個月之內，肥料廠在兩年之內，貨車運輸組織（Truck Transport System）則需一年，木料廠大約需三年。

這許多團體例如俄亥俄與本雪佛尼亞的農局合作社（Farm Bureau Cooperatives of Ohio and Pennsylvania），明尼蘇達密特蘭批發合作社（Midland Cooperatives Wholesale of Minnesota），威斯康辛中央批發合作社（Central Cooperative Wholesale of Wisconsin），中部各州合作社（Central States Cooperatives），聯合消費合作社（Cousumers Cooperatives Ascociated），東部批發合作社（EasternCooperative Wholesale）太平洋供給合作社（Pacific Supply Cooperative），以及其他各州的農民合作社都對於許多重要商品減低成本及改良品質。由於合作社與其他商業的競爭，不僅合作社社員享受到這些利

益，並且非社員也同樣可以享受到。最大的消費合作社是農會合作聯合社（Grange League Federation）每年爲社員的需要而經營壹億美金的購買和製造業務。

租借管理局（Lerd Lease Administration）所掌握的食料之三分之一，都係運銷合作社所供給。農民用以生產這種食物的用品與設備之六分之一，係經由他們自己的消費合作社而獲得。

設置在十處美籍日人隔離集中區（Japanese-American Relocation Centers）的合作社，在一九四四年做了大約九百萬美金的業務。

其他各地的合作

北非洲發展着一種法國的，英國的，意大利的，以及發源於本地的合作運動。亞爾日利亞的運銷合作社經營了該國橘子輸出的百分之二十五。在南非洲和太平洋羣島（Islands of Pacific）已發生了一種顯著的進展。澳大利亞與新西蘭，有一種與英國的合作有密切關係的合作運動。菲列賓羣島因有開明的地方政府之鼓勵，而發展着合作社。

以上簡單地報告了許多合作社服務的少數實例。世界上有卷佚浩瀚的記載，以論述他們的活動。合作事業在每一個國家內都有存在。一九四三年國際勞工局的調查，發現在一百零二個國家內，有八十一萬零五百十二個合作社，以及壹億肆仟叁百貳拾陸萬零玖百伍拾叁名社員。

戰前國際合作聯盟的會員總數，以家庭折合，或多或少地受到合作社供給的差不多代表四萬萬人。聯盟以外還有許多未曾參加國際聯合的合作社，以及好幾百萬社員，印度和中國的大部份合作社，並未包括在這個統計內。這個總數表示全世界總人口的四分之一以上，都和合作社發生了聯系。（註二）

這些在未會受到侵略的國家內所組織的合作社，可以有樹立一種經濟穩定的作用。同時在被侵略的國家內，他們僅需要從壓迫他們的不民主的統治下解放出來。要記住合作社社員籍乃是實實在在的東西。合作運動是由比貨物，建築，和設備更重要的人所組成。這些人的姓名和地址，以及每人在合作社的投資數目，都是確實的記錄。這些都是在合作建設中要討論的要素。這些人就代表了世界民主的基本組織。

（註一）見合作的消費者（The Cooperative Consumer）（一九四三年五月十七日）

（註二）這種消息大部份從國際勞工局，英國合作聯合會之人民年鑑，以及美國勞工部和農業部等等的報告而來。

第六章　維護民主

理想和可能的結果

各國或各洲依照合作而啓示行動，也許可以使合作民主實現。這種實現現在備達到有限的幾處地方。我們曾見到在人民的心中進行着兩種力量的衝突。其一是本能的，獸慾的，而在對他人的任何代價上，貪婪的急於去獲得東西。其結果使少數人手中有大量財富，而許多他人的命運却成爲大窮。戰爭是其最後的混亂表示。另一種力量的來源則由於人類智慧較多於本能的衝動。當貪婪的鬥爭使社會成爲混亂的時候，就祈求這種力量。人在極端困難中運用思想。思想實在不是完全自然的步驟。他是一種例外的現象。但在某一部人，思想却是自然的事，這一部份人中有科學家，發明家，和藝術家等因創造力而聞名的人，他們代表（在美國）成年人的百分之六。當人民很困苦地受到壓迫，並且當他們的本能使他們處於混亂之中的時候，思想就發生在社會的其餘部份。但當一切事情都進行得很順利，而人們已有衣食住的時候，他們就停止思想而依照他們的本能漠然前進。思想來得很不容易。他是人們最後的餘地。

早期職工聯合論者的思想，羅虛戴爾先鋒隊的思想，都是受窮困打擊和絕望而來。美國的幽默哲學家（Shilosopher-Humotist）杜樓氏（Mr. Dooley）曾說，「富人也許有更多的事情要談論，但窮人却有更多的事情要思想。」很簡明地說明了這種事實。他又說，「請上帝憐憫富人，窮人自己能工作。」他也許說過，「窮人必須思想。」這意思就是說那些在貪婪的鬥爭中已經成功的人可以停止思想；或者，至少他們已不需要思想或工作。那些沒有成功的人必需要思想，否則就更要沉下去。富人要有一點思想以保持他們所獲得的東西固然是眞的，但窮人必需要思想，否則就會滅亡——除非政府來干涉這種自然程序。從集權的政府去獲得衣食住的保證，是使窮人去思想獲得政府幫助之最容易的方法。但是當與他必需依賴自己時的思考來比較，這是一種困難較少的思想。

在西方各國，現在窮人都囑望着他們的政府。但在窮人之間，常常發現有遛特思想的例子。有時發生這樣的事情，工人的妻子拿了丈夫每星期的二十五圓美金收入，計劃出一個包括六個孩子的家庭預算，在這種預算內，關於二十五圓美金的投資，比較銀行行長投資一百萬美金所用的智力，實爲更直接的經濟思想。所以使得人民思想的不是數量的大小而是事勢的驅逼。

顯明地，這種事勢的驅逼還不足以迫使人民去思想以合作方法作爲經營業務的優越方法。我們知道必要的時候他們會變成合作方法。世界合作運動在貧窮的黑暗和貧窮的恐懼中已生了牠的根。

對於合作事業除了基本需要之外，還有另外一種知識方面的原因。在貧窮線以上的人民方面，利用合作方法作爲節省金錢的實際方法，或者作爲獲得更多金錢的方法。這是一種很坦白的明智。他是美國大部份合作運動的基本動機。

也有一班有社會意識的人民，他們自己對合作有興趣，並且提倡他作爲改善生活的方法。他們在合作裏面尋求一種方法，以避免營利的資本主義所特有的災害。他們關切到不僅是他們自己，並且還爲了他們的後代。這種態度也在美國盛行。

從事經濟事務的合作方法，在紊亂的世界上也許來得很遲。現在營利的資本主義的情形如此盛行，使得合作方法比較地影響很小。我們知道資本主義被他自然的子孫社會主義所追隨，而社會主義則生出全能主義以作爲他的子孫。

倘若那些用他們的精力在擴張國家利益的人民，改變他們的作爲而致力於代替集產主義的自願合作方法上，那末合作民主就成爲優勢的歐洲經濟制度了。當人民對於政府的可能性了解之後，他們就會向合作這個方向推動。合作事業因曾經一度期望國家解決經濟問題之覺悟的人民的增加而常常擴大。合作事業也由於允許那班尚未覺悟的人民利用合作以促成國家的擴張計劃而成爲紊亂。

在歐洲被蹂躪的國家內，民主的恢復需要忍耐。街安主義常常要求延期試行民主。人民已成爲適合獨裁。無數青年與中年的人民對民主毫無經驗，倘若他們獲得了自由，那末一些煽動家就能提取統治而導之進入歧途。遭受到生活程度低落的地方，羣衆容易成爲反民主，並且主張牠要對於他們的惡劣情形負責。推進歐洲民主的領袖們，如能在人民生活情況好轉而非向下的當兒，去使人民嘗試民主組織必能十分順利。這完全是一種政治上的手腕。

在另一方面，各種業務的合作社，在法西斯納粹統治之前和統治期間都在活動。他們不僅能成爲民主的表現，亦是訓練民主的學校。無論流行何種政治性的統治，合作事業都能替人民服務。在他們擴張上，應該沒有猶豫或延遲的了。他們代表一種私有企業制度，在這種制度裏面，人民能在無論那一種政治統治之下，去與習如何爲他們自己的事務進行事業。

因爲合作民主的運動還沒有得勢，在進行上就有許多妥協之處。政府在許多官辦事業上所表現的結果，對於人民比較營利的資本主義辦的時候來得更滿意。在美國，許多城市的市有電力廠供給電流，比較公用公司所供給的更爲滿意。英國公有的電話事務，比較在私有的利潤制度下所作的服務更爲有效。在危急的時候，如在饑荒或戰爭時期，營利事業就不能應付這種局勢了。倘若營利事業眞的被當作自由企業，並且政府允許自由行動，那末沒有一個國家能夠獲得戰爭的勝利。在需要的時候，人們常常乞靈於集體行動。並且，因爲自由的營利企業對他自己所造成的困擾負責，所以，由於政府的參加，自由的營利企業正在使他自己崩潰。

有一些政治性的企業很爲自由，不受到政府控制的麻煩。市有，州有，和聯邦政府所有的圖書館，就他們的活動而言，常係十分獨立的。他們的管制往往委託給一個與大學董事會相似的中立團體。這樣的一個團體限於任用文職雇員。在許多領域內，無黨派的活動方法很成功地使許多的這類組織脫離了政治。這樣，公立學校和大學，公園，博物院，實驗室，醫院，以及許多其他的服務，常常很有效地爲了公民的利益而加以控制和管理。海岸警察，燈塔，土地測量。和氣象局等等所作的服務都很獨立。開發水流的力量和供給廣大地區以廉價電力，如在田納西河流域一樣，是避免許多政治的直接牽涉而對於受供應的人民證明滿意的公營企業。

私人與政府聯合的事業，美國已由因各種目的而設置的各種「當局」（Authorities）所創制。擁有碼頭和管理裝運的「港務當局」（Port Authoritses）是成功的。例如，建築橋樑的這樣一個「當局」，由一個政府的機構所設立。一個州議院將他設置起來，向公衆出賣公債，這種事業一半是政治性的而一半是屬於私人的。散佈在美國的許多這種「當局」，其辦事多少不受政治影響而自由。對於非政治性的所有權和管理，應該增加，直到這些事業的私人所有權和管理，全部握入使用這些事務的人民之手。

農村電化管理局就是這種情形。這與政府告訴農人如何組織他們自已，使成爲合作的消費合作社。政府經由農村電化管理局，調查電力的需要和可能的供給。他供給工程上的意見和管理，貸錢給合作社，並控制合作社。其運用的計劃是，當這個合作電力供給社證明他能夠辦理自己事務的時候，就對政府支付利息並且以償債基金償還其負債，然後政府就放棄他的管理權。最後　當政府的負債償清，而社方已能自給自足和發揮效率之後，依照計劃的規定政府的管理權就要退出，而合作社將成爲完全自主的了。在農村電化管理局下這樣成立的八百個供電合作社，也許可以不計較有力量的公用事業所聯合反對而向這個方向推動。同樣的方法被農業金融管理局（Farm Credit Administration）所實行，該局告訴農民團體如何組織借款的合作社，而最後如何組織他們自主的合作社。

政府發動並貸款成立的經濟組織，表現出對自由社會供給機會的可能性，並且這種經濟組織到了相當的時候，可以使他們自己脫離政府的管制。他們代表國家來鼓勵民主的消費事業。

不幸地，這些政治性的公共服務，常常受到政黨政治的牽涉。發展了獨裁的管制。官場中太經常表示出低效率和反社會的特色。因爲政府官吏要維持他們的權力和光榮，所以常有防止獨立之非政治性管理的趨勢。政府官吏亦常被發現他們的權力防止農人創設眞正的合作事業。這是政治的本質。希望明智和取攻勢的民衆，可以從國家之手，奪取最好能夠由人民自己直接辦理而沒有政治性干涉的這些職務。

雖然國有事業常常很有效率，並且是營利事業的一種進步，但在開始的時候，他却代表了盛行的營利資本主義的利益。國家以幫助的方式以及在企業失敗之前將他們攫取過來而防止了他們的失敗。這就是集合跛足者，裝上了他們的脚，而使情景成爲美麗。這在表面上固然沒有發現很多失敗的企業，但這種趨勢却是危險的。在最初是緩和的方法。但到了相當的時候，却成爲支配的大力量。當國家擁有一半以上的企業，當他供應人民一半以上的需要，並且當一半以上的人民是國家的傭僱人的時候，就到達危險的境地了。那時自由企業成爲少數人的利益。國家很容易擴張爲全能主義。企業國有跟着就是思想的國家化。國家控制貨品的大量生產，跟着就是國家控制意見的大量生產。當一個人要嘗試去制服國家而使他成爲保護者的時候，國家就有一種過度的能力使得這個人悲悵。倘若他有聰明去使國家仁慈的話，那末他可有充份的聰明去不需要國家。國家繼續成為人們沒有效力的表記。歷代以來組織國家就是人們的差誤——差誤在國家當起初的階段是改良性的，但到了他擴張之後的階段成為壓迫性了。

在將來的自由的國家內，創造力能在新事業上表現，以及這種事業能夠供應一種需要而仍舊獲利的地方，常可見到營利事業的繼續。這種自由對於文化的發展很為重要。在全能統治的國家內不能希望有這種情況。不幸地，在自由國家內，營利事業也常生產不合需要之物，而需以廣告去推銷。這些東西合作事業和政府都不容易供給。在這個範圍內有專賣藥品，有害的化裝品，不精巧的珠寶，荒謬的時新式樣，護身符。以及浪費品。他們代表營利事業範圍內的一大部份。教育是他們的解毒藥。

當國家一步進一步地參加事業之後，他將發現自己與營利事業及合作事業相競爭。在自由社會中，可以希望這三種形式的事業並行活動。對於每一種形式的提倡，有各種力量在活動。每一種有他自己的貢獻，自己的長處，以及自己的短處。人民自由提倡最能保持他們利益的這一種形式很為重要。文化的進步，需要人民常常有權去做錯誤的事情。這所以重要的原因，因為有了這種權利，就能產生去做正當事情的權利。民主就是保證這些權利。

改造過程中的障礙

在獲得勝利中最有勢力的一些人物。自然在決定和平的性質上，一定有很多的影響，他們的態度似乎是改造過程中的障礙。雖然羅斯福和邱吉爾所宣佈的四大自由，特別是包含人民可以選擇他們所需要的政府的權利，是很有價值。但「對於現行的約束作適當考慮」（"Due Consideration toExisting Commitments"）這句話，剝奪了這種權利，所以自由就失去了他的意義。這種話是將要繼續現行情形之外交辭令。聽到邱吉爾氏對世界廣播說：「對於這些人民和他們的政府，以及對於希臘和亘哥斯拉夫的君主，我以這個機會給他們以鼓勵的消息，他們從未對於他們的義務有片刻猶豫，而我們希望看到他們恢復他們的王位。」（註一）這番話也是對於歐洲國家民主力量的擾亂。對於知道他們的君主曾經是希德勒和墨索里尼的同盟之希臘和亘哥斯拉夫人民，這也是一種擾亂。他們的君主逃出他們的本國，僅當戰爭的命運對軸心不利的時候表示他們對民主的熱心。邱吉爾氏對下議院演說之際（一九四四年五月二十五日），亦贊成西班牙佛朗哥的行動，對於在歐洲與法西斯主義鬥爭的民主力量頗為驚愕。英國政府努力防止意大利和希臘人民解決他們與所希望的民主相反的內部問題。任何有害於民主的態度，都是在合作運動路程上的障礙。在戰前，特別在全能統治的發展前，合作已進入了歐洲各國，但現在在這些紛擾的時候，倘若他要充分應用在改造中，那不他就需要每一種鼓勵。反民主力量障礙了人民幫助他們自己的機會。這不僅對於合作運動真確；他也可以用到人民自己要設法創設民主組織的一切領域內。沒有民主，改造就不會成功。

不信任議會制的運動，正在普徧發起。他們不僅在美國和南美活動，還特別在歐洲活動。我們不應還忘二十年以前美國和其他工業國家的雇主階級所說：「這個國家所要的是一個墨索里尼」這句話。戰時的賣國賊就是這種態度的遺物。這態度實基於統治階級避免民主的干預之期望。當工業的競爭重復支配經濟情形的時候，這些反對民主的運動將起來活動了。他們的大部份將揚着有吸引力的旗幟，並且將獲得忠厚而易欺的人民之擁護。法西斯主義將在「反共產主義」，「擁護法權」，「國家主義」，「反法西斯主義」，或「維護文化」等外貌下自行鼓舞起來。我們摧毀了法西斯主義的軍隊，但沒有摧毀法西斯心理上的魔力。

在歐洲，這些人民計劃得很遠大。對於他們，以前的兩次世界大戰僅爲開端而已。他們希望毀滅歐洲民主組織，並且計劃民主國家的衰敗。第三次世界大戰將是獨裁戰勝民主的極端表現。德國的軍人團體計劃將來這種獨裁者應該是德人。甚至于在第二次世界大戰以前，對于這個目的所發起的工作已在進行。在南美洲的學校中，以及在各地的報紙上，法西斯黨人的宣傳每處都很明顯。在實業上所雇傭的經理人，以及世上的陸軍和海軍內，都證明了這種情形。

美國富裕家庭的一代青年，正被他們的父母和敎師敎以未來的法西斯主義。他們被敎爲進步改革的敵人。這些年青的法西斯主義者，正被安排着與他們意大利前輩相同的命運——此後二十五年間在不共戴天的民主浪潮中，在電燈杆上被吊死。

不信任和毀滅民主的運動普徧而有效。在牠後面鼓動牠的力量，預示對于社會和平和安全之災害。在美國，許多領導牠的人都是有勢力和地位的。他們的活動在有力的金融，外交，和軍事陰謀範圍內，都對于合作事業和理想造成障礙。他們阻礙改造，最後的目的要破壞牠。在美國，法西斯主義者的原則，在用租稅平等之僞裝下與合作鬥爭之力量中見到，同時他們自己却利用每種方法以逃避租稅。從公用公司阻礙各種公衆服務，例如農村電化管理局，納西河流域管理局，以及其他幾種電力計劃的努力中都可以發現這種原則。牠也在國會中與任何有自由與社會傾向的人之鬥爭中顯示出來。法西斯主義向前邁進，凡干涉從公衆獲利的獨裁權利者，均受其打擊。這就是逐漸得勢而後將握政權之新法西斯主義。

對于改造還有其他的阻礙，這種阻礙在乎直接從戰爭發生出來的力量內。從一個軍隊的佔領上所發生的危險很大。這樣一種軍隊是外國的團體。他們造成憤怒。他自然依賴武力使他們的命令受人服從。武力的利用引起利用更多的武力。我們的南北戰爭（Civil War）之後，對南方的壓制造成無限的害處和永久的敵對。一九一八年協約國軍隊佔領德國，破壞了人民所選舉的市議會。這些議會被解散而換以一個單獨的德國官吏去管理。在許多例子中，這些官吏就是曾被人民逐去職務的人，而美國軍隊將他們安置回去而强迫人民去服從他們。佔領軍禁止工人的罷工，並對于言論，報紙，電影，教堂，和地方政府實施檢查。人民間流行的運動被停止。在萊因蘭（Rhineland）地方官吏的選舉受到禁止，而戰前服務的官吏，則被我們的軍隊使其繼續服務。民主因而受到阻礙了。勝利的軍隊對于每一個德國城市所存在的合作社很少注意。因爲合作是一種事業的方法，不容易使軍官認識，所以合作事業祇可從佔領軍希望很小的幫助。合作事業的復原賴乎平民。

商業的利益要求戰後在被侵略國家內「不要有新的試驗」。堅持流行的營業方法應公認爲最合意的方法，而改造就應發生在這個基礎上。的確，大規模的營業組織計劃攫取新市場而從窮困人民的需要上牟利。「業務如常」是其口號。

美國財政部報告在六個軸心國家內，美國所有的投資達十億美金以上。這超過了熟知的在美軸心財產的兩倍。美國和英國向墨索里尼與希德勒投資的那些利益，現在聯合起來擾亂戰後的和平了。在準備控制世界市場的國際獨占中，石油卡推爾（Petroleum Cartel）是一個顯著的實例。戰爭結束之前，這個卡推爾得了美國政府的幫助，已在美國，英國，與荷蘭的金融家之手發展得很好，他能够決定價格，並且使石油流向能產生最好利潤結果的方向去。當這大規模的獨占事業獲得充分活動的時候，包括合作事業在內之獨立的商人，就將被置于一個困難的地位了。

石油卡推爾，以及還有準備獲得獨占以控制許多其他必需品的卡推爾，現在都正在組織中。卡推爾包括鋼鐵，食鹽，橡皮，醫藥，礦產，食料，機器，以及其他各種商品。這些國際獨占不僅對于業務的合作方法是一種威脅，並且他們也成爲對社會的恐嚇。他們因他們利潤的興趣而提倡稀少。他們由取消競爭而提高物價。在戰爭結束時準備活動的卡推爾，代表國際獨佔，他們活動于一國政府權力所不到之國際間，他們處于沒有國家管制的情況下。德國與盟國公司間在美國參戰之前所簽訂的合約，協議在戰時暫行停止施行，而等事變結束之後再繼續實施。加德爾是獨佔的最後階段。他的賄賂政府，獲得特別護予，以及逃避對獨占不利的法律等等能力，組成了他的力量。因見到他們對營利事業的利益，每種範圍內的全國獨占，也許可以希望與其他國家內的同樣獨占相聯合，以擴張常常進展的卡推爾制度。

（註二）

德國工業協會（Reichsgruppe Industrie）和英國工業聯合會（Federation ofBritish Industries）這兩個敵對國家的大規模獨占團體，于一九三九年在杜塞爾道夫（Dusseldorf）開會，雙方同意他們的目的在乎消滅競爭。這種卡推爾活動的結果，是生產得愈少愈好，也配合他們的最大利潤。在有幾種領域內，當數量必需豐富的時候，一時却成爲稀少。在戰爭開始之際，因鋁的稀少而大大阻礙了飛機的生產。因奎甯和糖尿病藥（Insulin）之不必要的稀少而損失了許多生命。

獨占的卡推爾在國際合作事業之前發展到如此程度，以至于成爲國際合作發展的一種障礙。但合作事業力能對付一些全國性的獨占事業，並且很成功地克服他們的反對。消費者自己供應需要的地方，全國性的獨占就能消滅和防止。國際的獨占問題或許也可這樣被解決。這點再留待證明。

對于那些僅在一國或少數幾國內豐富，但爲一切國家所需要的很有用的商品，必需要尋覓一些方法將他們置于共同管理之下。這些就是要迅速成爲卡推爾化的物品。比較稀有的金屬在製造合金上很爲有用，被加德爾的少數所有者控制了這些金屬，就是使重要物質不能達到充分的利用。對於這些金屬的每一種，加德爾都知道可以限制生產而使他們獲得更多的利潤。引起慾望而然後維持稀少，成爲獨占的基本原則。需要這些東西使用的人民，必須要從那些興趣在利潤而不在使用價值的人民手中，去攫取其控制權。

解決這個問題的合作方法要靠全國批發合作社。牠們聯合組成一個國際批發合作社，應該擁有油井和製煉石油的設備，煤礦和鐵礦，棉田，稀有金屬，以及其他各種原料資源。他們自己的船舶應該運送這些商品。

瑞典全國合作協會（Swedish National Cooperative Lague）的常務理事强生氏（Mr. Albin Johansson）提議在各國之間設立一個合作組織，以供應他們全世界的原料。這個所提議的計劃要利用標準的羅虛戴爾方法。有關各國要設立一個合作社以獲取每一個參與國家的原料資源。原料要以市場時價付款，而以交易的比例付還盈餘。每一參與的國家祇能有一票權。對一切國家要開放社員資格。以一定的利息付給設資。這方法可以使公平的分配成爲可能。這可以補充大西洋憲章內要求愛好和平國家對于原料公平分配的那一節。他可以供給機器作爲發現和開發已有原料以及新原料資源之用，並且表證合作方法。

關于政府應用羅虛戴爾的方法過去已不乏先例。在美國，有許多城市同消費者一樣地聯合起來，經由他們的購買代理人而合作式地購買。德國在第一次大戰之前，有許多城鎮是地方消費合作社的社員，並且這樣獲得了他們市政府所需要的供應。這種由于政府的利用合作方法對于世界原料的接觸可能無限擴張。這可以由此而使國際商業轉變爲合作商業的手段。在一個領域內的合作方法，教授了能被應用到其他領域內的教訓。

合作事業在有些地方正在靜靜地移入以前被獨占事業以「先買權」取得的領域。我們已見到瑞士的合作事業打破了人造奶油，麵粉，橡膠，肥料和電燈泡的托拉斯。瑞典政府不需要採取行動以反對獨占。因爲，當一種事業聯合而增加價格的時候，合作事業就來加入這種領域而照成本來供給這種需要。沒有一種獨占能與這樣的合作策略相競爭。這樣，在俄亥俄州（Ohio）和印第安納州（Indiana）的合作事業，由於實行肥料製造，破壞商人的獨佔合約，對于一切階級的消費者，減低了肥料的成本約百分之二十。刑罰的規定，使政府可以限制獨占的剝削到一個相當程度，但整個國家却並沒有解決獨占問題。金錢罰款是爲了繼續獨占的權利而支付。立法者受到影響。律師收受了龐大的費用以尋求逃避法律的方法。監禁的判決不及于賺錢者——僅及於偷錢者。就一般而論，獨占的權利受到國家的保證和保護。獨占利用了友誼的國家，但在不友誼的國家間，也同樣地進行其業務。現在卡推爾不受法律拘束。在沒有國際的立法力量以前，他將繼續不受法律的拘束。在全世界國際聯合組織的存在下，獨占將國際性地實行一種他以前曾在國內事務上所採用過的手段。

因爲獨占的目的在乎從消費者的需要獲得利潤，並不是供給消費者以所需要的東西，所以需要東西的人民最好能由他們自己來供應需要以對付這種情形。對於獨占問題也許還有另外的對策，但無論有或沒有，人民都在進行他們的合作業務並且照成本供給他們的需要。對於這點他們做得愈多，給於獨占的機會就愈少。這事實在衣食住這幾方面特別眞實。

倘若我們單獨離開了政府的政治行動而想控制在許多國家內已生了根的獨占問題，那末我們就遇到一個困難的國際問題。合作方法首先要解決每一個國家內的獨占問題。倘若那個問題得到解決，或許國際卡推爾可被控制了。同時，可以希望改良家來引導政府機構創設國際團體，以控制全世界所需要的稀有金屬。這種團體與政府所設置以辦理經濟服務的各種「當局」一樣，可以一部份是政治性的而一部份是商業性的。這些團體最後可置于合作控制之下。這可由於取消政治成份而達到。然後商業現象就可以合作化了。合作事業的參入營利事業，招致了經濟習慣的一種大改革。

營利事業直接加諸合作事業的攻擊，在競爭的事業鬥爭上是很自然的。營利事業向政府呼籲，要求幫助和權利。他更進一步要求政府歧視合作事業。對於人民由合作事業所得的盈餘課稅的立法，在許多國家內已被嘗試，但常常沒有成爲法令。倘若營利事業反對合作事業所享受的免稅的自由，營利事業也能够享受到同樣的自由。這是容易達到的。任何營利事業爲了他的利潤不受課稅所需要做的一切事情，就是使他沒有利潤。讓營利事業將原價與售價之差還給消費者，如合作事業所做的一樣，那麼問題就解決了。

況且，利潤是不穩固的。此地應該要說明利潤制度就是損益制度。雖然他的目的是利潤，但他的結果却常常虧損，他也許可以轉變爲一種虧損制度。通過了救助營利事業的法律以擴張國家的力量。流行的事業制度加諸合作事業的許多攻擊，不需要再來加以討論，因爲這些攻擊差不多始終如一地助成合作事業的利益。宣揚事業的合作方法之公正和合理的公開報道，促成對合作的同情。就一般而論，歷史的事實告訴我們對於道德的攻擊都要失敗。倘若這是不確實的話，那麼文化在很久以前就可消滅了。

民主和反民主

通常的美國兵，在我們上一次的大戰中，知道他和什麽作戰，至於他究竟爲什麽而戰他却不淸楚；但被侵略國家的人民有一種觀念，認爲他爲他們的希望而戰。他們希望他要給他們一種較好的生活以及獲得一種適當的生計。他們大約知道他們的要求必需要與民主相聯合；倘若要使滿足成爲眞實的話。當戰爭將近結束的時候，民主的願望就可以擴大了。

倘若民主需要機會的均等，就不能流行在使勞工的工資壓低到獸類生活那種經濟制度之下。雖然以可能的最低價格購買原料與勞力，對於利潤表面上看起來固然很好，但是這種政策卻確實破壞了利潤，因爲他不能給予作爲消費者的工人以充份的金錢去購買勞力所生產的物品。他造成了一種生存權以下的階級而破壞民主。

下面的美國實例是全世界營利經濟未充份限制的各地，營利經濟的典型態度。（註三）

斯的又脫培格公司（Studebaker Corporation）的總裁和經濟發展委員會（Committee for Economic Development）主席，在全國製造業聯合會（National Association of Manufacturers）於一九四三年十二月九日在紐約開會之際，據稱他曾這樣說：「讓我們停止使用『充份生產』，『充分就業』。倘若充份就業是指對於每一個能夠工作的男人與女人的一種工作而言，那麼在一個有機能的經濟制度內並不需要。」

供給報紙以經濟消息的麥克留律聯合會（Moclure's Syndicate），於一九四三年十二月十三日曾宣稱謂：「百分之百的就業以及完全發揮工廠的力量……不僅是力所不及，並且亦是社會所不需要的。」

投資銀行家聯合會（Investment Bankers Association）的一員，於一九四三年十一月四日該會在紐約所召開的一次會議上，對於這個同樣的事情曾這樣說：「充份就業對於自由企業制度不相適合，在此制度之下，經常有些人失業，乃是正常的，」

倘若主張這些方法的經濟制度要在世界改造中作爲優越的勢力而發生作用，那麼探討和平，計劃改造，或希望民主等都是徒然的了。

造成一種中間階級，如現在所主張的一樣，不是民主的希望。除非有了一種上等階級和下等階級，不能有中間階級。所需要的是一切人民的民主。歐洲的農民不需要成爲下等階級。給他們管理自己事務的機會，他們就能提高他們自己。他們習慣於地方自治政府。他們從他們祖先的遺傳，得到了種族的自主。他們信任私人財產。經由他們的合作事業，他們已得到了聯合私人所有權以經營實業的經驗。他們準備農業的合作工業化。

現在他們所需要的是民主。戰爭以及由獨裁所得的經驗，使他們了解統治階級的道德。他們不再需要被統治了。因為確實保證安全代價太大，而安全又太不穩固。在歐洲，第二次世界大戰結束之後，人民被給予了一種可靠的保證，就是他們的戰勝者不再允許另一種獨裁加諸他們之上。他們對於受警戒，抑制，和統治，已感到厭倦。

在這個時機，很奇怪的是要控制戰後情形的各國政府，却計劃重建釀成戰爭的條件，正如他們在第一次世界大戰後所做的一樣。許多有勢力的人，準備着未來的和平，但他們就是應對過去之大失敗負責的人。他們談論民主，但他們不信任普通人。他們也恐懼民主，因為民主對普通人有利。他們知道普通人不要如他們所需要的這一種世界。

目前得勢的政治經濟制度，現在當一次戰爭結束的時候，對於實施預防戰爭重現所必需的變革表現得並不很多。他沒有提供實際計劃以避免足使其自身破壞的矛盾。相反的，他繼續維持帝國主義，國際強權政治，和國際獨占。他承認「一個時代正在死去」；雖然許多對於世界和平的計劃已被擬定，但沒有一個避免戰爭原因的計劃被付諸實施。不僅世界的強國沒有提供可實行而確實防止戰爭的計劃，並且有勢力的強國看起來也不能設計和實行一個性質如此重要的計劃。

對於三個有勢力的強國最能接受的提議，是全體會議（General Assembly），安全會（Security Council），國際法庭（International Conrt of Justice），以及一個祕書處（Secretariat）。他所提議

的一個計劃，並不是爲了促進國內和國際正義，而是一種經過熟思和有力量的機械，其支持者卻希望他會防止戰爭。這至少比國際聯盟做得多一點。安全會在理論上對於侵略者有採取行動的實際力量。計劃的缺點在乎沒有任何方法以防止大的强國間失和，以及破壞約章。他們常常失和，並且當他們要進行戰爭的時候，他們全體會破壞約章。他們在過去都曾相互戰爭。甚至於現在，他們最大的事業與趣還在乎再起市場和原料的鬥爭——這種鬥爭造成以往的世界大戰，並且可能造成下一次的世界大戰。希望聯合國的計劃在延緩戰爭上可以成功，使得那種戰爭由於默想到他的結果而受遲延，而在這個暫時的時間內，可以見到一種防止戰爭的經濟制度的發展。

在舊金山設立的經濟和社會會議（Economic and Social Council）能夠處理這些問題。這個會議在他內部比較世界組織的其他部份，對於將來有更多的希望。

世界上一切國家或政府的國際聯合，以作爲防止戰爭和世界混亂之初步方法，現在已成爲必要。因爲這種國家和政府會相互作戰，除非被高於他們自己的一些權力所防止住。這樣一種聯合固然不能保證和平，但這是現在對此目標所能採取的步驟。這個步驟必需要趨向比製造戰爭的國家爲高的一種最高權力而努力。這樣一種最高的權力，僅能由於這些國家的聯合而成立。

個人之間的鬥爭被他們所屬的政府所防止。國與國之間的戰爭被他們所屬的聯合政府所防止。各國之間的戰爭常常可能發生，但當這些國家全部都馴服於一些較高的權力下，那麼他的可能性就可以減少。這樣一種主權現在必需要被世界上國家的聯合所維持。這是無可推諉的。世界的合衆國（United States of the World）就是最後的手段。

個人在使他們自己從屬於國家，而充份在他們自己間防止戰爭，並不需要失去他們個人的獨立。國家聯合成爲一個聯合會，其情形也眞正一樣，這種國家也能有一種幫助他們維持獨立而在他們之上的力量。但世界上的各國聯合之後，沒有在聯合會以上的權力，以維持和說明或防止他所組成的政府違犯約章。倘若公民的個人相互攻擊，而他們所屬的市政府不能控制他們的時候，權力更高的國家就來担當這種責任。以這個方法，個人之間的鬥爭是可以控制的。一個國家的各州或各省的情形也相同；有一些在他們之上的東西看住他們，要他們遵守約章。但一個國際的聯盟却祇能依賴他們自己去管理。沒有更高的權力。

世界現在已被鐵的事實驅策到最後一步，以利用政治力量來解決他們的問題。他現在面臨重大的覺醒。政治力量將使其創造者失敗。最後，戰爭的防止必需要賴於消滅戰爭的原因，這些原因雖然不是全部，但却大部份是經濟性質的。政府不僅沒有力量防止戰爭，並且由於他們的性質，他們還是製造戰爭的組織。他們會造成了世界大戰；並且從以往兩千年以來，成爲世界的自然情形的實在是戰爭而不是和平；戰爭支配了大部份的時間。

有效的世界改造，要靠那些同時能促成和平的方法。但是，目下和平的眞正保證還相隔很遠。在和平能被保證之前，必定要有和平的需要，研究戰爭原因，計劃和平，以及許多商談和討論。一切這些要點現在都在運用。世界聯合會，國家的聯合，以及許多防止戰爭的其他方法都已擬議，並且有些已被實施了。計劃對付第二次世界大戰情形的聯合國組織（United Nations Organization），比其他任何嘗試提供更多的希望。在他的後面，有這些國家防止戰爭的嚴重要求。這種組織的需要，並非因爲他會達成目的，而是因爲他是進行實際防止戰爭之初步談論和計劃的一部份。

歐洲的國家主義對於造成歐洲戰爭有很大的關係。各國的聯合會，以及在他們之間更密切的情感正在發展。倘若戰勝的同盟國允許的話，這可成爲一個歐洲的合衆國（United States of Europe）。第一次世界大戰之後，協約國（Allies）繼續保持國與國間的衝突。現在希望這種愚事不要再重現。危險在乎同盟國的趨向於恢復戰前所有舊狀。德國可算一個例外，不允許走以前一樣的路。這可以助成該國的顯著利益。剝奪了戰時工業，擺脫了陸海軍的負担，並且從軍國主義解放出來之後，德國可變成一個和平，繁榮，和有文化的國家。這就是貧乏的丹麥在打破和取消海陸軍以後所發生的情形。德國能成爲文化的模範，同時他的戰勝者，自己却作了他們所不允許德國再培植的那些罪惡。這是一種歷史的趨勢。

沒有明瞭對於世界事業需要新經濟基礎的改良家，希望以國家聯合會的方法來解決問題。有些對於世界政府的意見，主張以美國聯邦的方法爲基礎。大部份贊成每一個國家保持他的主權。要保護國家的這種主權，大部份改良家贊成由各國政府合作的世界聯合會。這是很自然的，並且應該實現。一個世界法庭應該成立。世界必需要有國際的組織。國際郵政聯盟是一個有利的實例。但對於這些策略作爲防止戰爭的方法，却不要希望得太多。

俄國，普魯士，和奧地利一八一五年的神聖同盟（Holy Alliance），表面上是以道德和宗教爲基礎。但不久却成爲保護絕對君主政治的同盟。隨着第一次世界大戰而來的國際聯盟，大部份被英法兩國所操縱。假使美國參加進去，結果也不會有實質上的改變。國聯是失敗的，因爲他的目的在維持原狀，而那種原狀就是製造戰爭的狀態。軍火製造者對他嘻笑。在第二次世界大戰中，他自然地結束了，舊金山所成立之聯合的世界機構，是美國、英國、和俄國的一個同盟，以中國爲參加的會員，其他各國都是次要的會員。歷史的先例是眞實的，假使優勢國家間發生不和，就會造成新的同盟以從事所產生的戰爭。今天三個大國不僅互相妒忌，並且還互相恐懼。他們相互間詐欺政治利益，很嚴重地延緩了戰爭的結束。一個大國的龐大事業利益，在於圖謀以計取勝其他國家，或締結合約以剝削全體三國的人民。次一戰爭的準備正在積極進行。

世界的警衛力，如同現在所計劃的一樣，將是一個堅强的國際聯盟。他可以設法獲取他所需要的東西而防止缺乏，並且他可以保護已經獲勝，並且已經保有超過需要量的財物之人們的所有。武力並不是答案。武力不足以防止和鎭壓罪惡；武力僅驅牠去秘密作爲。武力不能永遠使被征服的人民馴服。答案祇有一個——就是必需建築在民主上面的正義和自由。正義和自由盛行於人民之間，那麽這些外交的和强迫的方法，將表演很小的任務了。

聯合國提出了民主作爲他們戰爭的理想，同時許多國家却殺害了或監禁了無數的人，這些人的罪過是擁護民主和「四大自由」。强姦民主的官吏被恢復職務。

醞釀在政客外交的大鍋中之戰爭悲劇仍要來臨。雖然被壓迫的人民已有了民主的要求，但那些思想和行動都是法西斯主義，並且爲他的人民所輕視的統治者，堅稱仍要居他們之上。人民大衆則始終表示他們對於民主的要求，並結束老方法。

民主能實實在在的提倡，而不作爲窗飾嗎？當戰爭結束，勝利的同盟國發現他們自己已控制了極端紛擾的混亂。軍事獨裁威脅着去繼承已崩潰的全能獨裁。不希望軍隊爲建立民主的一種團體。軍隊是特別守舊的。勝利的軍事統治沒有幫助人民去決定他們所需要的政府。軍隊利用存在着的法西斯統治者，這些統治者在勝利的旗幟初次出現的時候，要求拋棄他們的法西斯主義，並且宣布他們對民主和人民的熱心。這對於有統治外國責任的軍隊，承認現狀，比較讓人民用他們自己的方法以建立所需要的新統治，來得更容易。因爲這種新統治，對於外國的指示也許不會欣然服從。

不要希望勝利的軍隊在征服的人民間提倡民主。歐洲大陸因要提高以前的地主，貴族，納粹份子，和法西斯主義者等的力量而受到威脅，他們都以光明的民主招牌別在他們深褐色的心上而前進。倘若他們提高了力量，那麼最後必要支付他的代價的，將是外國軍事戰勝者的工作，而不是一般人民。這是民主路上的一種難關。軍事的獨裁制度容易使舊式統治當權。這就是第一次世界大戰後所發生過，而如今却威脅着第二次大戰後的情形。

應付這種民主的挫折之最好的辦法是建立一個平民的管理機構，這將指示人民如何去創設民主制度，並且鼓勵他們去這樣做。讓軍隊去做他們所適宜的功能，例如，保證供應品和設備，以及維持秩序。在非軍事的事務以及經濟和政治的組織上，軍事的管制和獨裁制度就成為擾亂。

法西斯主義者的恐怖主義，沒有奪去人民自由的興趣。那種興趣以往從沒有和今天這樣大。他從羣衆的心中發生。說他們不能够民主，並且一定還要再被獨裁，一直到下一次戰爭為止的意見，在現在就是顯著的胡說。他們已在他們的合作組織內表示了他們的能力。在那裏他們已證明了普通人的威風。他們需要取消舊的統治和舊的方法。仁愛的機會就是讓這些人民有他們所渴望的民主。這不應該再延緩。時期已成熟了。從事社會服務之自由，和自願的合作方法，在這個重要時候對於這種情形實為以往所從沒有過的適宜。

政治和軍事上的統治人物所計劃的任何事情，最後必由貧弱國家的人民大衆來決定。這是世界上一些新的情形。羣衆常常被稱為愚笨——他們既愚笨又無知識。但現在傳信的工具帶給了他們知識，而知識又使他們思想。印刷的文字，電報，電話，無線電，和飛機，最後可以證明曾經利用這些工具的武力已告失敗。被壓制的羣衆已走向民主的大道，他們所得到的民主雖然尚未成熟，但將擋着自由的光明旗織。祇有羣衆才能產生世界民主。他不能從少數處於領導地位的人發生。民主基於許多人的自利，並且祇有許多人才能造成他。

社會和社會教育

近代的趨勢，使人民的事務集中和管理在大規模的商業和政治中心。這種趨勢預示民主管理的衰敗。經濟中心和政治的大都市，是民主降低的標誌，合作以社會開始。互相了解得如鄰人一樣的一羣人，聯合供應一些需要。這是初步的一種社會事業。他們的擴大和聯合，有賴於這些無數小社會單位的成功。合作以社會團體的控制和管理開始進行。計劃復原和新生命的國家，可好好地考慮這些原則。

讓我們來明白了解這些基本原理。民主就是社會組織。民主的成功要靠管理上的一種秩序。第一，在乎每一位個人在他自己的地方組織內所表示的管理權。第二，相鄰近的各個人聯合在他們的小社會內，組成這種初步的地方組織以對他們服務，以及從他們接受命令。第三，相鄰的各地方組織聯合成立一個地方聯合會，以對這些初步的組織服務，以及從他們接受命令。第四，其次一步是在大國裏面的一個地方聯合會，或是在小國裏面的一個全國性聯合會，每一個聯合會可以對他的組成份子負責，以及從他的組成份子接受命令。第五，在這個基礎上的全國性組織，就是在每一個國家內的最後一步。例如，在美國的政治組織內，理論上這種程序係以每一城鎮內的區或段（Block or Ward）開始，這些區或段成立了城的組織，然後城市管理縣，縣管理州，而由州的聯合以管理全國的中央政府。第六，以最後成立世界聯合會的的一個各國的國際聯合會終結了這種程序。每一個組成的團體，都選舉個人代表到他所加入的聯合會去。這個民主程序內的重要事實，在乎每一階段的聯合會，都在他組成份子的管理之下，並且圖謀組成份子的利益。每一聯合會內的中心組織，並不對會員控制或獨裁；他完全是會員的僕人。這種組織方法的顯著例子就是合作方法。理論上民主的政府，都公認要基於這種方法。反面方法的例子，就是全能政府，世界的政治一直變動到法西斯納粹統治失敗的時候爲止均趨向於此。

分權管制流行的地方，民主受到提倡。管制的系統如向反，由一個全國性的獨裁者或其他專制力量開始，通過連續的組織，而最後獨裁及於個人的地方，民主就受到毀壞。對人民獨裁的集中力量擴張，民主消失。但民主却需要人民對集中的力量獨裁。這些事實都是簡單而容易了解的。但文化的命運却就要依靠這些事實的注意。

有些人認爲上面所述民主組織的形式實行太爲複雜，因爲他要建立段多可被民主管理的組織階段。答覆是倘若要進而包括每個國家的一切人民和全世界的一切人民，那麼這就是民主能够實行的唯一方法。程序中的單獨一個階段，完全不能實行，因爲全世界甚至於一個國家的全體人民，不能在一個地方開會，以民主式地討論和選舉。人民的代表能够一起來實現人民的意思。民主在合作界內獲得成功。如果合作事業違犯這個方法，那麼民主和合作都要冒到危險了。一些批發合作聯合會，設立零售商店，以合作者爲顧客，作爲永久的營業方法，這些商店不在地方的人民管理之下，完全屬於中央批發合作社。這是營利事業連瑣商店的方法，代表集權的管理和所有權。對於合作，這是很危險的。眞正的合作和民主方法需要一個較大的聯合會，而由較小的單位來管理。

這種民主方法應用到人民的政治組織上就充滿了困難，因爲幾乎不可能使他擴張到全國性的組織。致力於管理人民的政府，以租稅、法律、懲罰、法庭、監獄、警察、以及壓制等等手段，設法强迫人民去做他們要逃避的事情。歐國法律是公民經常的努力。打倒國家就是這種事業的別名。在另一方面，人民自願的作合組織沒有法律，僅基於以決議案，章程，以及聯合會的細則等所表示的相互協約。不喜歡這些協約的個人隨時可以退出。社員有取消和表決之權，並且他們可以在認爲適當的時候，隨時修改他們的相互協約。中央的全國組織並不如政府所做的一樣，對州縣，和地方社會的組織團體獨裁，對於合作事業的控制，在乎社會的人民。

我們要想維護的不僅人民，並且也要維護小社會。因爲民主從小社會開始。城市在將他們自已分成幾個小的自主區域時能變成民主。必需要使小社會悅人和健全爲我們的目的。他必需要使得能和受過教育的人民相合適。一個城市的文化利益能反應到國家。無線電藝術，小戲院，電話，無線電傳真，電力，以及近代節省勞力的各種方法，能造成他們的貢獻。

瑞士小村莊的人民已表現了這種方法。當他們需要電力的時候，他們既不要求政治組織設立一所「市立電廠」來供應他們，又不向公用公司請求；他們如同鄰人般地合作式組織起來，安置一個轉輪在流向山邊之波瀑洶湧的洪流中，連接到一架電機上，使電流通到他們的家裏。這供給了他們廉價的電力，使他們成爲更好的鄰人，教導他們自助，並且使他們擁有更多的私產。這與現代向着龐大廣泛集中的政治趨勢不同。有些事務能在大規模的集中上，很好地發展爲最經濟和最有效，但在民主的利益上，他們必需要由人民分權的團體來管理。現在讓我們再來討論一下社會。

小社會應該生產他所能生產的一切東西，爲他的消費者使用。他必需盡其所能地自給。一個小市鎮不僅能成爲周圍農田上農人的家，他又能保有生產設備，以製造人民所需要之家庭的和個人的東西。就其可能，使生產達到地域的自給，並且盡可能地與消費者接近，實爲對於民主的經濟所必需。

我們希望生產的合作組織成爲高度文化的附屬物。農業集團和農業機械化，可以步武合作的形式。

在每一個農業社會的中心，生活可以提高到引人入勝的地步。農村祇應在他的環境上是農業的，在內部應該可以見到都市的良好表現。「優美」的東西，不應該特別爲都市，鄉村也需要他們。這意思也包括許多生產事業在內。許多服務能够辦得有地域性，並且接近到使用或消費點。

以往我們曾經有一種生產者的經濟制度，實業以能引誘消費者來購買的一種希望而從事生產。現在我們需要一種消費者的經濟制度。我們需要建立一種經濟制度，在這種經濟制度裏面，消費者的要求如此龐大，使得生產企業的資源要求得很爲忙碌。實業首先應爲消費而組織，然後生產應配合應付這種消費者的需要。爲利潤的原故而從事生產，用廣告和高度壓力的銷售術，以引誘消費者的購買力，不僅證明實業的不健全，抑且爲對於世界和平的高度冒險。民主需要在實業內有另外一種主要的動機。

要完成這一點，需要教育。以領袖的教育開始。有知道如何可以促進民主的各個人。甚至於雖然他們不處於教育普通人的地位，但這種各個人都希望普通人應該有這種教育，並且他們對於普通人所需要的東西，有一個良好的觀念。民衆因習慣於受領導，指揮，和籠絡，所以他們的教育應該首先要給予他們以自尊，創始，和希望。那末在他們之間一定會發現能够領導的各個人。有了這種領導的各個人，並且，當他們被發現之後，時間和環境將對地們效力，如同風和潮幫助能幹的航海者，在有風浪的海中效力一樣。

當發現領導行爲致力於普遍幸福的時候，被人民所發現的領袖，比自身向人民顯示的領袖更爲有用。人民必需要謹防煽動家的出現，而宜佈他就是人民。

已設計出的教育之各種流行方法，訓練人民使他們適應環境，使他們與現在的生活條件相適合。但世界抑需要對教育的另一種態度。人民必需要被教導去改變環境。這並不是指革命的粗鲁方法。這是指可以合併到現行方法上，直到老方法消退而新方法持續下去的審愼和有思想的改變。普通人之經驗學識最後達到可以改變事實之階段。製造命運的時候就此來到。

敎育能改善生活程度，但他必需要首先改善思想的標準。決不會祇有高度的生活程度，而沒有高度的思想標準的這種情形。理想是對於普通人營養上的重要滋養料。

在無數被壓抑的人民間，有能辦大事的男人和女人。在一個被殘忍的自私所統治的社會內，能幹的人常常不比愚笨的人爲好——並且有時還更危險。但給予人民一個生活上有希望的前途，告訴他們對於正當關係的一條路線，保證每人都有發言權，以便反對任何剝削，以及，正義盛行的地方，能幹的人將會出現，對於幸福的共同目的來貢獻他的才能。

這可應用到歐洲的鄉民和產業工人，美國挨餓的羣衆，以及正在用辛勞造成遙地的他人財富之歐洲與亞洲無數窮人。這是都是必需要有公平待遇的人民，否則其餘的世界將因缺少這種公平待遇而受害。這些就是所謂普通人的一大部份，君主和有權勢者的血液，曾透過他們，並且在他們之中，仍可發現往日特權階級的後嗣。

從這些時期的思想中，發生了一種和平必須無限制的明晰思想。這就是說倘若和平要流行的話，整個世界必需都要和平。這種思想也可以應用到經濟術語上。世界竟如此渺小，使得一切人民都成爲鄰人。而每一個人都註定要成爲普通人。

普通人的發現，決定在稱爲消費者的全部羣衆的平均數上，這種消費者不包括毋需辛苦之有特權的富裕者。這種普通人大部份代表勞動階級。他是一個要想滿足的人。現在他希望擁護他自己。他不需要再繼續爲環境的犧牲者；他需要參與改造環境。合作方法給予他自恃。這是一種使他獲得自尊和威望的方法。他能使人民信任他們自已，而這種信任就是墨索里尼和希德勒所要努力毀壞的。

一種普及全球的組織之使命，例如國際合作聯盟，就在開始這種教育。人民需要明瞭他們的力量。他們需要教以羅虛戴爾的方法，以及這些方法對他們的意義何在。生活在農奴地位的人民，當他們知道了方法的時候，將會解放他們自已。但解放的力量應該從他們自身發生。當他們知道一種方法的時候，解放就會來到。在這些人民之間有許多是能學習，思想，和計劃的人。

世界上的八十萬個合作社是學習的核心。每一社都放射出辦理經濟事務的民主方法。每一所成功而辦得很好的合作事業，都是教育的中心。可能的話，這些事業和學習的組織無論何地都應該成立。普通人能夠從這些主要課程上獲得他的初步教訓。兒童的合作事業，研究的團體，討論，演說，和文學，作爲合作事業的先驅和補充。合作社員已明白了對於一個有效管理的合作社，以及對於顧客最好的刺激，是他們自已對於合作的了解。世界資源的開發，以及人類慾望的供應，係受不健全的哲學所支配。處置一種不健全的哲學之最好方法，就是安置一種健全的哲學在他的位置上。

人類的進步，最好以較少的强制法規來促成而不以較多的法規。想以强迫的方法使人民更好是徒然的。但人民不合作的地方，政府的强迫將被認爲需要了。自願的合作不流行的地方，强制的合作就會出現。但强制的合作却全然不是合作。

在僅僅本能的生存之外，再給普通人以一個生活的目的，給他以所有權的希望，給他自已使用他努力的產品，以致於使他可以知道他的努力對他自已獲得了保障，給他因管理自己事務而產生之威望的感覺，在決定他命運的時候，給他一個發言權；並且，雖然他也許會造成一切人們所能够造成的錯誤，以及他自已濫用了他的機會，但和在强迫之下，他所要對他們效力的那些人們，替他所建立的世界比較起來，他將仍舊建立一個更好的世界。

合作方法也許看起來對於世界所流行的方法改變得太大，但合作方法已證明了他的可實行性。他能使人向着文化前進，而不致於在路上受到破壞。倘若他不考察未來而不採用合作方法，作爲一種有計劃的智慧行動，那末到相當時候，他仍要來合作式地形動，因爲合作是他天然的遺傳。最後，他不得不合作。不需要再就擱了。甚至於現在，世界已準備了能產生和平與富足的方法。

（註一）一九四三年八月三十日在古北克的演說（Speech in Quebec）

（註二）見一九四四年二月十二日之（Reports of Peoples. Lobby on Cartels, Washington, D. C.）

（註三）見一九四四年八月三日紐約的「合作者」（The Cooperator）

（註四）見「羅虛戴爾的合作者」（Rochdale Cooperator）內本書著所作之小社會」（The Small Community）

中華民國三十七年五月初版

中央合作金庫合作研究叢書第一種

合作運動與世界改造

定價：國幣　元

編輯者　中央合作金庫設計處

原著者　J. P. WARBASSE

譯者　許超鐵江

發行人　壽勉成

發行所　中央合作金庫　南京太平路太平巷口

印刷者　東南合作印刷廠　南京魚市街衞巷三十六號